ベンチャー起業家社会の実現

起業家教育とエコシステムの構築

熊野正樹 Masaki Kumano

Realization of the Entrepreneurial Society

ナカニシヤ出版

目　次

序　章 ─────────────────── 5
1　問題意識　5
2　研究課題・仮説・予想結論　7
3　本書の構成　9

第1章　起業家教育の現状と課題 ─────── 13
1　起業家教育の現状　13
2　学生起業家予備軍の実態
　　　──同志社ベンチャートレインの事例　23
3　考察──大学における起業家教育の有効性と限界　26

第2章　先行研究のレビューと分析視角 ───── 35
1　新興市場の誕生とベンチャー企業研究　35
2　先行研究のレビュー　40
3　本研究の分析視角　52

第3章　ベンチャービジネスの共通理解 ───── 55
1　ベンチャー企業の意義　55
2　起業のタイプ　62
3　ベンチャー型起業を選択する理由　66

第4章　ベンチャー起業家教育とファイナンス ── 71
1　ベンチャーファイナンス教育の必要性　71

2　ベンチャーファイナンスの現状　*72*
          3　資金提供者の検討　*74*
          4　アーリーステージ投資の事例　*78*

第5章　ベンチャー起業家教育とビジネスプラン ───── *87*
          1　文系大学生への起業家教育の要諦　*87*
          2　ベンチャー型起業とビジネスプラン　*90*
          3　わが国の大学における事例　*105*

第6章　ベンチャー企業の育成とエコシステムの構築 ─── *115*
          1　ベンチャー企業とエコシステム　*115*
          2　政策　*118*
          3　投資　*119*
          4　人材　*126*
          5　ベンチャー企業の育成とエコシステムの構築　*128*

終　章 ──────────────────────── *131*
          1　結論　*131*
          2　今後の研究課題　*134*

参考文献　*137*
あとがき　*146*
人名索引　*150*
事項索引　*150*

ベンチャー起業家社会の実現
―起業家教育とエコシステムの構築―

序　章

1　問題意識

　近年、平成生まれの学生のベンチャー起業熱が急速に高まっている。個々はまだ無名だが、次々に生まれる「平成世代」のベンチャー起業家たちは、ひとつの集団として存在感を増している。ビジネスのアイデアと行動力を武器に、世界を舞台に事業を展開しようとする起業家が育ちはじめているのである。アメリカのシリコンバレーでは、創業段階の有望なベンチャー企業に少額を投資するベンチャーキャピタル（以下、VC）の手法が注目を集め、わが国においても、VCやエンジェル投資家、シードアクセラレーターが、数百万円単位の出資案件を増やしている（『日経ビジネス』2012年4月2日号、26-44頁。『AERA』2012年4月30日号、12-17頁）。ベンチャー起業家の登竜門となるビジネスプラン・コンテストも活況を呈している。筆者が勤務した同志社大学においても、ベンチャー起業サークルに新入生が100名入部し、起業に向けてビジネスプランを作成し、ビジネスプラン・コンテストに応募したり、VCの門をたたいたりするなど、元気な学生が日々、切磋琢磨している。「ゆとり教育世代」「内向き」「安定志向」など、平成生まれの若者に対する巷のイメージは必ずしも芳しいものではないが、その一方で、わが国の新しい活力となる人材が確実に存在することを、大学教員としての日常を通して認識できる。

　筆者は、1999年4月に、同志社大学大学院商学研究科博士課程前期ベンチ

ャービジネス専攻に入学し、ベンチャービジネスの研究を開始した。この年は、ベンチャー企業をとりまく環境が一変し、新しい時代を切り開く画期的な年であった。秋の臨時国会は、中小・ベンチャー国会と位置づけられ、株式公開を目指すベンチャー企業に対する政策が目玉とされ、法制化された。12月には、ベンチャー企業向けの新興市場である東証マザーズが開設され、ベンチャー企業の資金調達をはじめとする外部環境は大幅に改善された。以後、ベンチャー企業を対象にした支援策や法改正が矢継ぎ早に展開されて、制度はアメリカにおおむね追いついている。ベンチャービジネスの研究を開始して15年が経過したが、この間、多くのベンチャービジネスの実務にも携わってきた。ベンチャー企業の創業メンバーとして6社、上場ベンチャー企業においては、経営企画部門でM&A業務や新規事業の立ち上げを行い、自らも起業を経験するなど、つねにベンチャービジネスの最前線に身をおいてきた。そして、2010年からは、大学教員として起業家教育を実践している。

　新しい時代におけるベンチャービジネスの実務経験に根ざした研究の成果を若い世代に伝えたいという思いが強い。一般教養や経営論がそうであるように、それだけで成功が約束されるものではない。しかし、若い起業家のベンチャー型起業における五里霧中の試行錯誤を最低限にとどめることができるように必要な教育を行うことは、ベンチャービジネスの研究を専門とする大学教員の義務であり責任であるといえる（ティモンズ1997、viii頁）。

　しかし、このような問題意識とは裏腹に、わが国のベンチャー起業家教育の現状をみると課題が多い。起業家教育は、経営教育領域のみならず、ベンチャービジネス研究や中小企業研究の場においてもその検討の重要性が認識されながら、研究面においても、実践面においても立ち遅れている。ベンチャー企業をとりまく環境の変化に対して、ベンチャービジネス研究も、ベンチャー起業家教育も対応が不十分なのである。

　たとえば、ベンチャー企業の定義が研究者によって異なることに象徴されるように、ベンチャービジネスに対する共通理解がなされていない。そして、ベンチャービジネスに対する共通の理解がないままに、起業家教育が行われている。創業一般とベンチャー型起業は別物であるにもかかわらず、そこを

明確に区別されずに起業家教育が行われており、起業家教育の現場で混乱が起きている。ベンチャー型起業において、ファイナンスはきわめて重要であるが、ベンチャーファイナンスの現状が、十分に教育現場に反映されていない。ファイナンスにおいて、ビジネスプランが果たす役割は大きいが、それがどうあるべきか具体的な指導方法については、発展途上である。さらに、ベンチャー起業家が輩出されたのち、ベンチャー企業は、どのような外部の協力者を得て成長していくかについても、ベンチャー起業家は知っておく必要があるし、そのような外部環境の構築についても、さらなる議論が必要である。

　これらの問題意識のもと、本書では、若きベンチャー起業家が活躍できる社会の実現に向けて取り組むべき課題について、ベンチャー起業家教育とエコシステム（生態系）の観点から考察することを目的としている。すなわち、起業家教育を通してベンチャー起業家を輩出し、ベンチャー企業が成長しやすいエコシステムを通してベンチャー企業を育成することによってベンチャー起業家社会が実現することを考察し、実践的な提言を試みるものである。

2　研究課題・仮説・予想結論

　本書では、研究課題、仮説、予想結論をつぎのように設定する。

1．研究課題
（1）ベンチャー起業家社会の実現に向けて取り組むべき課題を明らかにする。
（2）ベンチャー起業家の輩出に向けた起業家教育のあり方について考察する。
（3）ベンチャー企業の育成に向けたエコシステムの構築について考察する。

2．仮　　　説
（1）新興市場の誕生がベンチャー起業家社会の実現に大きな影響を与えて

いる。
（2）このような変化にベンチャー企業研究やベンチャー起業家教育は対応できていない。
（3）ベンチャー企業を輩出、育成する制度は整備されたが、エコシステムの構築は発展途上である。

3．予想結論

（1）ベンチャー起業家が活躍できる社会を実現するためには、起業家教育とエコシステムの構築が鍵をにぎる。ベンチャービジネスに対する共通の理解のもと、①ベンチャー起業家予備軍に適切な教育を施し、②ベンチャー企業が成長しやすい生態系（エコシステム）をつくり、これらを通して、③皆がベンチャー企業を起こしたいと思う価値観を醸成することで、起業家社会は実現する。

（2）そのためには、第一に、ベンチャービジネスに対する共通の理解が不可欠である。新興市場の誕生により、ベンチャー企業とは、VCが投資する企業と定義されるべきである。すなわち、現在、アーリーステージでVC投資が可能となり、起業の段階でVCからの投資を視野に入れた起業方法が可能となっている。これは、わが国において、新しい起業のスタイルである。

（3）したがって、第二に、ベンチャー起業家教育においては、ベンチャーファイナンスの現状や全体像について指導することが重要であり、同時に、VCからの資金調達に必要なビジネスプランの作成についても、重点的に指導する必要がある。

（4）第三に、ベンチャー起業家が輩出されたあと、いかに外部の機関と協力してベンチャー企業を成長させるかについて、ベンチャー起業家は知っておく必要がある。同時に、ベンチャー企業を育むエコシステムを構築する際、いかにしてエコシステムを強化するかを考えていく必要がある。

3　本書の構成

　本書の構成は、以下のとおりである。
　序章では、本書のタイトルを「ベンチャー起業家社会の実現──起業家教育とエコシステムの構築」とした問題意識と本書の目的、研究課題、仮説、予想される結論について、説明する。
　第1章では、わが国の大学におけるベンチャー起業家教育の現状と課題について考察する。まず、大学における起業家教育の現状について概観し、わが国の起業家教育の実施状況について整理する。つぎに、学生起業家予備軍の実態について、学生起業団体の事例をもとに紹介する。この事例は、一学生起業団体の話ではあるが、わが国のベンチャー起業家教育が抱えるさまざまな問題点を内包している。これらの事実を通して、ベンチャー起業家教育の有効性について考察し、同時に、ベンチャー起業家教育の盲点について問題提起する。ベンチャー起業家教育の盲点は、①ベンチャービジネスの共通理解、②ベンチャー起業家教育の内容、③起業家教育とエコシステムの連動、の3点について、十分な認識がなされていない点にある。本章は、問題提起を目的とした導入部分であり、以後、ここで提示したベンチャー起業家教育の盲点について、議論していくことになる。
　第2章では、先行研究を整理、検討したうえで、本書における分析視角を提示する。新興市場の誕生にともない、ベンチャー企業をとりまく環境は大きく変化している。新興市場誕生前後のベンチャー企業論について比較検討し、現状に即したベンチャー企業研究の必要性について再検討する。また、本書に関連する先行研究を、ベンチャー企業の定義、創業モデル、起業家教育、エコシステムの観点から整理し、本書の分析視角を提示する。
　第3章では、ベンチャービジネスの共通理解の必要性について考察する。これは、本書の議論における前提となる部分である。「そもそもベンチャー企業とはなにか」ということを再確認するとともに、その意義について、経済発展のエンジン、雇用の創出の2点から明確にする。そのうえで、起業に

は成長志向性により、①ベンチャー型起業、②中小企業型起業、③自営業型起業の3タイプが存在し、ベンチャー企業になりうるためには、起業の段階で、ベンチャー型起業を選択する必要があることを論じる。

　第4章では、ベンチャー起業家教育におけるファイナンス教育の重要性について考察する。ベンチャー型起業においてベンチャーファイナンスの現状認識は重要であり、起業家教育においても重点的に指導すべき項目である。新興市場の誕生によって、ベンチャーファイナンスも大きく変化を遂げている。すなわち、これまでは、VC投資は株式公開の目処が立ったレイターステージが中心であったが、現在は、アーリーステージでの投資が金額ベースで5割を占めている。さらに、近年は、シードアクセラレーターという新しいタイプのVCが注目を集めている。つまり、起業段階で数百万円を投資し、役員を派遣したり提供先を紹介したりして深く経営に関与するハンズオンでベンチャー企業を支援するのである。また、アーリーステージで1億円を超える大型の投資を受けるベンチャー企業も台頭している。このような状況を分析すると、起業段階でVC投資を視野に入れることは、非現実的な話ではなく、ベンチャーファイナンスの現実を教育することは、ベンチャー起業家教育において不可欠である。これらのベンチャー企業に共通する点は、起業の段階から、急成長を志向するベンチャー型起業を選択し、それに向けたビジネスプランの作成と実行、資金調達を行っていることである。ベンチャーファイナンスとビジネスプランは表裏一体の関係にあるのである。

　第5章では、ベンチャー起業家教育におけるビジネスプランの重要性について考察する。ベンチャー型起業において、ベンチャー起業家がビジネスプランを作成して株式で資金調達をする理由と一連のメカニズムを理解することが不可欠であるが、どのような観点からビジネスプランを作成すればよいかを検討する。まず、わが国の大学における起業家教育の大半が文系学部で実施されている状況をかんがみ、文系大学生への起業家教育の要諦について考察する。それは、事業起点型のベンチャー起業家を育成することにある。そして、新しいビジネスモデルの台頭に、起業家教育も対応していく必要性について検討する。つぎに、ビジネスプランに関して、ビジネスプランの位

置づけと意義、事業領域の検討と事業アイデアの創出について分析し、ビジネスプラン作成の具体的な要点を検討する。さらに、わが国の大学における、ビジネスプラン作成に重きをおいた起業家教育の先進的な事例について紹介する。

　第6章では、ベンチャー企業の育成とエコシステムの構築について考察する。ベンチャー起業家が輩出され、すなわち、ベンチャー企業が誕生したのちにベンチャー企業の成長を促進するのはエコシステム（生態系）である。ここでは、ベンチャー企業の成長要因をエコシステムに求め、なにがベンチャー企業の成長を促進しているかをアメリカの事例から明らかにする。具体的には、ベンチャー企業をとりまく外部環境に焦点をあわせ、エコシステムの基盤をなす、政策、投資、人材の3つの側面からわが国のベンチャー企業の育成における問題点を分析し、課題と展望について検討していく。起業家教育の観点からも、起業家予備軍が起業後の成長促進システムを理解することの効用は大きい。

　終章では、以上から導かれた結論、今後の研究課題について述べる。

第1章
起業家教育の現状と課題

1　起業家教育の現状

（1）起業家教育と起業家の輩出

　ベンチャービジネスを志す起業家なくして、ベンチャー企業は生まれない。とくに創業初期には、企業の将来性は起業家（あるいは起業家グループ）に大きく依存しており、起業家自身の能力や素養がベンチャー企業の成功を決める重要な要素となる。世界的な起業家研究ネットワークであるGEM（Global Entrepreneurship Monitor）によれば、起業家の量という観点からみると、わが国の起業活動率（Total Entrepreneurial Activity）は、世界各国のなかでももっとも低い水準にある（**図表1-1**）。また、新しいビジネスをはじめるために必要な知識、能力、経験といった起業家スキルを有する割合も、わが国は他国を大きく下回っている（**図表1-2**）。

　わが国が、このような起業家人材の不足を解消していくためには、起業家教育の果たす役割がきわめて大きい。起業家教育は、いうまでもなく、起業家に必要なマインドやスキルを育むことによって、起業家人材を拡大する効果を有する。加えて、起業家というライフスタイルが必ずしも一般的でなく、起業家というライフスタイルを選択した場合のリターンとリスクが十分に理解されているとはいえない現在のわが国において、普通の人も起業家というライフスタイル・選択肢を現実に選択しうるということを、より多くの人に実感してもらう意味でも大きな意味を有する[1]。

図表1-1　各国の起業活動率

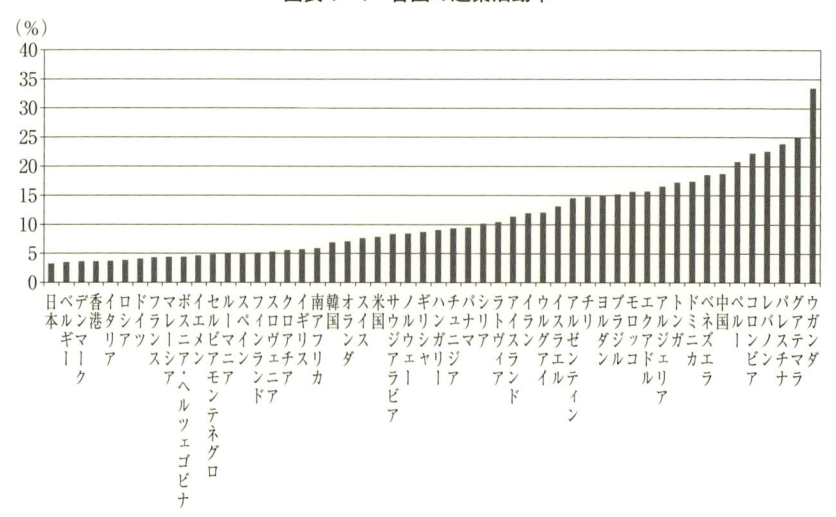

出所：Global Entrepreneurship Monitor（2009）、VEC（2011c）9頁。

図表1-2　起業スキルがあると考えている人の割合（2007年）

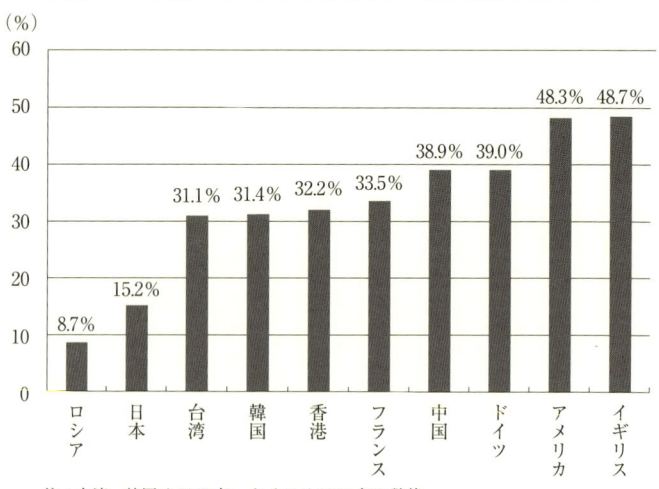

国	割合
ロシア	8.7%
日本	15.2%
台湾	31.1%
韓国	31.4%
香港	32.2%
フランス	33.5%
中国	38.9%
ドイツ	39.0%
アメリカ	48.3%
イギリス	48.7%

注：台湾・韓国は2002年、ドイツは2006年の数値。
出所：Global Entrepreneurship Monitor（2007）、経済産業省（2008b）14頁。

一方、急速に成長し将来は日本経済を牽引するポテンシャルを有するベンチャー起業家となるためには、きわめて高いスキルと明確な目的意識が必要とされるところであり、こうした人材を育成するためには、一般的な創業ノウハウにとどまらず、高いプロフェッショナリズムにもとづいた高度な専門家教育が必要である（経済産業省 2008b、15 頁）。

（2）わが国の大学における起業家教育の現状

　大学の経営学教育・カリキュラムのなかで「起業」領域に焦点を絞った講義の開講はまだ緒についたばかりであり、これまでは「中小企業論」や「ベンチャー起業論」などの講義のなかで部分的に取り扱われていた。近年のわが国の大学における起業家教育の実態に関しては、大和総研によって詳細な調査結果が報告されている（大和総研 2009）。この調査は、全国の大学・大学院の教務部門（734 校）と日本ベンチャー学会会員の大学教員（約 300 名）を対象として実施され、回収率は 73％であった。膨大かつ詳細な調査結果であるが、報告書の概要は**図表 1 - 3** のとおりである。

　起業家教育の講座を実施する大学は、全国の大学の 46.1％にあたる 247 校で実施されており、実施する校数、関連する科目数は、先行調査と比較して増加傾向にあることが推測される。また、起業家教育を目的とするコース・専攻を設置している大学は、全体の 4 ％にあたる 31 校であり、そのほとんどが、経営学部、経済学部、商学部といった文系学部にて実施されていることが特徴といえる（**図表 1 - 4**）。

　一方、起業家教育を行う大学の数や講座の数など、量的な側面の拡大だけでなく、起業家教育の質を向上することも重要である。現状では、実際の創業を意識した実践的なコースからベンチャー企業を学術的に論じるコースなど、多様なコースが各大学で開設されているが、とくにベンチャー起業の拡大という観点からは、コースのなかで具体的なビジネスプランを作成したり、ベンチャーファイナンスなど、実際の起業の手法を学んだりする実践的なコースの充実が望まれる。しかし、ビジネスプランの作成は 30％、ファイナンスについては 18％程度の講座で実施されているにすぎず、起業やベンチャ

図表 1-3　わが国における大学・大学院の起業家教育の現状

- 全国の大学の 46.1%にあたる 247 校に起業家教育の講座がある。
- 起業家教育を実施する校数、関連する科目数は、先行調査と比較して増加傾向にあると推測される。
- 起業家教育の実施校では、国立は大学院のみと両方ある割合が高く、私立は学部のみでの教育の割合が高い。国立では MOT（技術経営）教育の充実が背景にあると思われる。
- 起業家教育を目的とするコース・専攻を設置している大学・大学院は、全体の約 1 割の 55 校であった。うち、学部は 4% の 31 校。
- 授業以外でも起業家教育に関連するプログラムやイベントを設けているのは約 2 割に達する。学部・大学院双方で起業家教育に熱心な大学は、単位外のプログラムやイベントも充実している傾向にある。
- 科目数の分布をみると、学部・大学院ともに全体の約 4 割が起業家教育の科目は一コマと回答している。ただし、学部に比べて大学院の方が多数科目を開設している学校が多い。
- 受講生によるプレゼンテーションやグループ演習を行う「生徒参加実践型授業」は、学部で約 2 割、大学院で約 3 割を占める。
- 全体の約 3 割で外部講師を活用している。
- 授業内容については学部と大学院では顕著といえるほどの差異はみられなかった。学部と大学院においては求められるものが違うことから、それぞれにふさわしい授業内容を開発することが今後の重要な課題となってくるだろう。

出所：大和総研（2009）5 頁。

ーの理論に関する講座が 61.5%となっている。すなわち、オーソドックスな講義形式のなかで、ベンチャーや起業を取り扱おうとする発想が支配的であり、学生参加型の実践型授業の展開事例はまだごくわずかにすぎない（**図表 1-5**）。

　また、各大学で開講されている科目数をみると、開講科目が 1 講座のみという大学が多いこともあり、広く浅く起業の問題を取り扱われがちであることが見て取れる（**図表 1-6**）。起業家教育に積極的な大学はいまだ少数ではあるが、一部の大学は、セミナーやシンポジウムの開催、ビジネスプラン・コンテスト、インターンシップ制度、インキュベーション（起業家育成支援）施設の運営など、講義以外の起業家教育に関連したプログラムや支援体制をもっており、起業家教育に対して、より実践的な取り組みが行われている（**図表 1-7**）。

第1章　起業家教育の現状と課題

図表1-4　起業家教育を行っている学部・コース・専攻のリスト

都道府県	校名	国公私	所属学部	学部のコース名	学問領域
北海道	道都	私立	経営学部	ベンチャーマネジメント	文系
宮城県	宮城	公立	事業構想学部	事業計画学科	文系
福島県	東日本国際	私立	―	キャリア形成コース	文系
	福島	国立	共生システム理工学部	産業システム工学専攻	理系
埼玉県	尚美学園	私立	総合政策学部総合政策学科	起業と経営戦略コース	文系
	東京国際	私立	商学部	起業コース	文系
千葉県	城西国際	私立	経営情報学部	企業マネジメントコース	文系
	千葉商科	私立	商経学部	起案マネジメントコース	文系
東京都	駒澤	私立	経済学部	ビジネス経済コース	文系
			経営学部	現代産業・起業コース	文系
	高千穂	私立	経営学部	起業・事業経営コース	文系
	日本	私立	商学部	ベンチャー＆経営情報コース	文系
	文京学院	私立	経営学部	事業創造・金融／会計コース	文系
	武蔵	私立	経済学部経営学科	ビジネスデザインコース	文系
神奈川県	横浜市立	公立	国際総合科学部	ヨコハマ起業戦略コース	文系
	関東学院	私立	経済学部	ベンチャービジネスコース	文系
	産業能率	私立	経営学部	ビジネス経営	文系
山梨県	山梨学院	私立	現代ビジネス学部	エグゼクティブコース	文系
愛知県	愛知産業	私立	経営学部	起業家	文系
	名古屋経済	私立	経営学部	起業・経営コース	文系
	日本福祉	私立	医療・福祉マネジメント学部	福祉・経営	文系
京都府	立命館	私立	経営学部経営学科	アントレプレナー系	文系
			経済学部・経営学部・理工学部・情報理工学部	産学協同アントレプレナー教育プログラム	文・理系
大阪府	大阪学院	私立	経営科学部	起業家育成コース	文系
	大阪経済	私立	経営学部	アントレコース	文系
兵庫県	甲南	私立	経済学部・経営学部	EBA総合コース	文系
	兵庫県立	公立	経営学部	事業創造コース	文系
岡山県	倉敷芸術	私立	産業科学技術学部	起業コース	文系
広島県	広島修道	私立	商学部経営学科	起業・事業創造コース	文系
香川県	高松	私立	経営学部	事業創造コース	文系
福岡県	九州共立	私立	経済学部	企業・後継者コース	文系
	福岡経済	私立	経済学部経営学科	アントレプレナー	文系
沖縄県	名桜	私立	国際学群	システムマネジメント専攻	文系

出所：大和総研（2009）16頁をもとに筆者作成。

図表1-5 起業家教育の内容

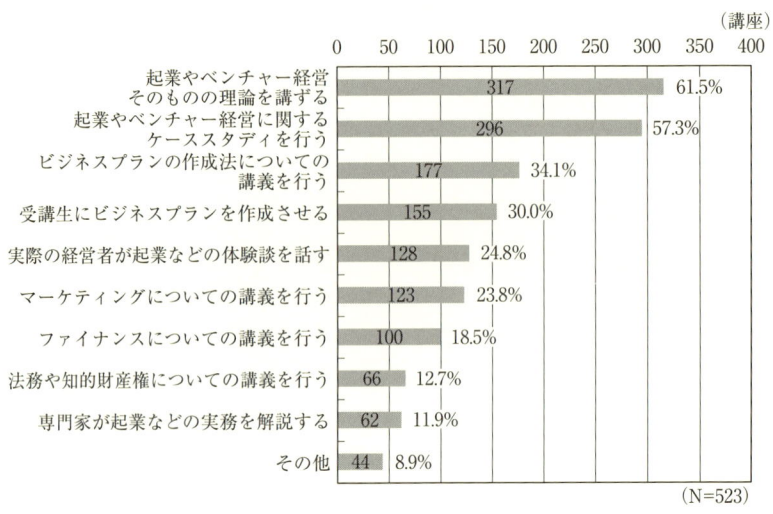

(講座)

内容	講座数	割合
起業やベンチャー経営そのものの理論を講ずる	317	61.5%
起業やベンチャー経営に関するケーススタディを行う	296	57.3%
ビジネスプランの作成法についての講義を行う	177	34.1%
受講生にビジネスプランを作成させる	155	30.0%
実際の経営者が起業などの体験談を話す	128	24.8%
マーケティングについての講義を行う	123	23.8%
ファイナンスについての講義を行う	100	18.5%
法務や知的財産権についての講義を行う	66	12.7%
専門家が起業などの実務を解説する	62	11.9%
その他	44	8.9%

(N=523)

出所:大和総研(2009)14頁。

図表1-6 科目数別学校数分布(学部)

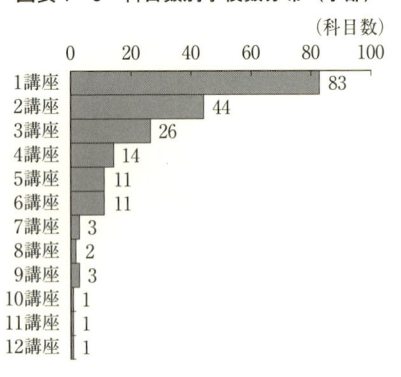

(科目数)

講座数	学校数
1講座	83
2講座	44
3講座	26
4講座	14
5講座	11
6講座	11
7講座	3
8講座	2
9講座	3
10講座	1
11講座	1
12講座	1

大学講座		有効回答数	講座設置校	講座数	1校平均
全体		536	200	523	2.6
大学種別	国立	76	29	55	1.9
	公立	61	12	30	2.5
	私立	399	159	438	2.8

(N=523)

出所:大和総研(2009)10頁。

図表1-7　起業家教育科目数上位校リスト

	科目数			講義以外の起業家教育に関連したイベントやプログラム			
	合計	学部	大学院	セミナーやシンポジウム	ビジネスプランコンテスト	インターンシップ制度	インキュベーション施設
慶應義塾	25	13	12	○	○	○	○
立命館	22	14	8	○	○	○	○
宮城	22	8	14	—	—	—	—
城西国際	20	3	17	○	×	○	×
高知工科	17	2	15	○	×	×	×
早稲田	16	6	10	○	○	○	○
東北	16	6	10	○	○	○	○
日本	14	5	9	○	×	○	○
熊本（国）	14	4	10	○	×	○	○
大阪経済	13	12	1	×	○	×	×
関西学院	13	2	11	○	○	○	○
明治	12	9	3	○	○	○	○
事業創造大学院	12	0	12	×	×	×	×
明星	11	9	2	○	×	○	×
SBI大学院	11	5	6	×	×	×	×
東京農工	10	0	10	×	×	×	×
東京工科	10	3	7	×	×	×	×
山梨学院	10	10	0	○	○	×	×
光産業創成大学院	10	0	10	×	×	×	○
愛知学院	10	10	0	○	×	×	×
九州工業	10	0	10	○	×	×	○
同志社	4	1	3	○	○	○	○

出所：大和総研（2009）19-24頁をもとに筆者作成。講義以外の起業家教育に関連したイベントやプログラムに関しては、筆者調べにより一部加筆修正。

（3）アメリカの大学における起業家教育の現状

① 起業家教育の充実

　アメリカの大学・大学院では起業家教育の拡充が進んでいる。カウフマン財団[2]の報告書によると、起業家教育の講座数は、過去20年で20倍超に達している（1985年：約250件→現在：5000件以上）。また、学部教育における起業家教育の専攻やコースについては、過去30年で4倍以上（1975年：104件→2006年：500件以上）に増加している[3]。

アメリカの大学・大学院における起業家教育は、大学院のビジネススクール（経営管理大学院）のMBA（経営学修士）課程を中心にして発展してきた。現在では、ランキング上位のビジネススクールのほぼすべてにおいて、アントレプレナーシップ（起業家精神、起業家行動）の専攻や科目群が提供されている。ビジネス誌や経済新聞など、さまざまなメディアがビジネススクールの学問分野別ランキングを発表している。『USニューズ＆ワールド・レポート』誌および『アントレプレナー』誌の各調査によると、ベンチャー企業の輩出でも上位に位置するカリフォルニア州とマサチューセッツ州の大学院が多い。なかでも、マサチューセッツ州のバブソン大学が両方のランキングで第1位を獲得している。

　学部では、卒業直後でも起業できるような実践的なプログラムというよりも、新しい事業や活動の計画を立案し実践するという広義の起業家教育を行っている場合が多い。成功している経営者の経験談など、事前知識をあまり必要としない内容を多様な学生に対して提供する科目がある一方で、経営学や商学などを専攻する学生に対してより専門的な起業家教育を行っている大学もある。学部生に対して起業家教育を行う場合、対大学院生とは異なる特徴がみられる。学部生の場合、マーケティングや会計など、経営学の基礎を十分に学ぶ前に起業家教育を受講するケースが多くなる。学部での起業家教育には、社会人の経験が乏しくビジネスに対する感度がまだ磨かれていない学生も多いなかで、起業に対する具体的な意識を20歳前後からもつことができるというメリットがある。メディアのランキングでは、カリフォルニア州とマサチューセッツ州に偏っていた大学院と比べると、上位校は全米の各地域に分散している（図表1-8）。ただし、大学院と同様に、『USニューズ＆ワールド・レポート』誌の調査で第1位、『アントレプレナー』誌の調査では第2位に位置するバブソン大学に対する評価の高さが際立っている（大和総研2009、39-45頁）。

② 世界最高峰の起業家教育──バブソン大学の事例
　バブソン大学は、自身も起業家であるR・バブソンによって、ビジネス教

図表1-8　起業家教育のランキング

〈学部〉

1	Babson College（マサチューセッツ州）
2	Indiana University-Bloomington（インディアナ州） University of Pennsylvania（ペンシルバニア州）
4	University of Southern California Los Angeles（カリフォルニア州）
5	Massachusetts Institute of Technology（マサチューセッツ州） University of Arizona（アリゾナ州）
7	University of Texas-Austin（テキサス州）
8	Syracuse University（ニューヨーク州）
9	University of Maryland-College Park（メリーランド州）
10	Ball State University（インディアナ州） University of California-Berkeley（カリフォルニア州） University of North Carolina-Chapel Hill（ノースカロライナ州）

〈大学院〉

1	Babson College（マサチューセッツ州）
2	Stanford University（カリフォルニア州）
3	Harvard University（マサチューセッツ州）
4	University of Pennsylvania（ペンシルバニア州）
5	Massachusetts Institute of Technology（マサチューセッツ州） University of Southern California（カリフォルニア州）
7	Indiana University-Bloomington（インディアナ州）
8	University of California-Berkeley（カリフォルニア州）
9	University of Texas-Austin（テキサス州）
10	University of North Carolina-Chapel Hill（ノースカロライナ州）

出所：大和総研（2009）40、43頁。

育に特化したカレッジとして1919年に設立されたもので、起業家育成プログラムについて高い評価を受けている[4]。アントレプレナーシップという建学の精神に強烈なこだわりと熱意をもっており、教授陣も充実している。ベンチャービジネスの分野でもっとも著名な、ティモンズ（Jeffry A. Timmons）やバイグレイブ（William D. Bygrave）をはじめ、一流の教授陣が指導にあたっており、教授陣には起業経験者を意図的に集めている。また、起業家教

育のカリキュラムが圧倒的な厚みをもつことも評価されている。同大学のアーサーブランク起業研究センターが中心となって学部から大学院まで一貫した起業家プログラムを実施しており、学部においては、現役企業幹部からのフィードバックを受けつつ、入門編から上級編へと段階別カリキュラムを提供している。

　1年次からベンチャー経営科目が必修となっており、地元企業からの課題にもとづいた実務プロジェクトを実施している。起業のプロセスにおいてはリソースの制限を強く受けるため、制約された経営資源のもとで、いかに効果的・効率的に成果につなげていくかがより重要になる。バブソン大学のプログラムでは、こうした制約のなかで、プロジェクトをいかに進めるかという方法論を学ぶ機会が整えられており、その最たるものは、1年次の非常に厳しいプログラムにあるといわれる。1年次の授業は、月曜日から金曜日、ほぼ毎日8時からスタートし、午後まで授業がつまっている。学生はこのタイトなスケジュールをこなしながら、課外活動を進めることになるため、限られた時間をいかに自分の基準でマネジメントしていくかを自然に学んでいくことになる。2年次以降は、アントレプレナーシップ、ファイナンス、マーケティングなどの科目から興味のあるものを選択することが可能である。また、大学院ではさらに豊富なカリキュラムが提供されており、可能性の高いベンチャービジネスを立ち上げた学生向けにカスタマイズされた起業家育成集中講座も提供されている。修了者は、学生時代に実践的な起業プログラムを受けることで、起業またはベンチャー関連企業に就職する率が高くなっている。1986年以降、バブソン大学で、新規事業の立ち上げを学ぶニューベンチャーコースを履修した学生の約40％が、自らのキャリアのどこかでフルタイムの事業を立ち上げている。しかも、その多くは、1回にとどまらず2回以上も新しい企業を立ち上げている（バイグレイブ／ザカラキス 2009、iii頁）。

　古田龍助は、バブソン大学の起業家教育の本質は、科目群よりもむしろ、実務的な教授陣の存在と学内の柔軟な組織風土、そして、ボストンやその周辺の起業家や投資家との太いパイプにある点に注目している（古田 2002、129、

134 頁)。学生がキャンパスで商売をすることを大いに奨励しているし、不夜城のビジネススクールの建物では、学生や客員起業家がオフィスを構えていたり、毎日のようにベンチャー関連のセミナーや講演会が開かれていたり、たとえ起業論を受講しなくとも、起業的な環境に四六時中、身をおくことになる。この環境が起業家の卵を育てており、起業意欲を嫌でもかき立てるようなキャンパス環境が作り上げられていると分析している。全米屈指の起業家教育科目の充実はもちろんのこと、教授陣をはじめとしたキャンパス全体の資源を使って起業家を養成するという広い視野と環境が整っており、これこそがバブソン大学の起業家教育の秘訣であると強調している。

2　学生起業家予備軍の実態──同志社ベンチャートレインの事例

同志社大学には、同志社ベンチャートレイン(以下、DVT)という学生起業団体が存在する。DVT は、2012 年 2 月時点で部員 1 名と廃部の危機にあったが、4 月の新入生勧誘に成功し、一夜にして部員 100 名、日本最大規模の学生起業団体に生まれかわった。これは、一学生起業団体のささやかな話であるが、この現実と DVT の活動を注意深く分析すると、わが国のベンチャー起業家教育が抱えるいくつかの問題点とその打開策が浮き彫りになる。

(1) DVT の概要

DVT は、2003 年 4 月に設立された、同志社大学リエゾンオフィス公認の学生起業団体である。拠点は、理系の学生と文系の 1・2 年生が通う、同志社大学京田辺キャンパスにあり、2 年生が幹部となって組織運営を行っている。従来、おもな活動としては、春、秋に起業家を招聘して行う講演会、夏のビジネスプラン作成合宿 (2 泊 3 日)、秋のビジネスプラン作成講座 (全 4 回)、冬のビジネスプラン・コンテストが挙げられる。メンバー数は、2010 年度 20 名、2011 年度 3 名、2012 年度 100 名、と推移している。2012 年 2 月の廃部の危機からわずか 2 ヶ月で部員 100 名の日本最大規模の学生起業団体となったことは、特筆すべき事項である。

（2）従前の課題

　DVTの2011年度の課題について、組織運営とビジネスプラン・コンテストの2点から検討する。組織運営に関しては、部員不足により、そもそも組織の維持自体が困難な状況であった。部員からは、ビジネスプラン・コンテストなどのイベントに割かれる労力が大きく、本来、起業家を志して入部したにもかかわらず、完全に裏方になってしまったとの不満の声が聞かれた。当時のDVTは、学生起業団体ではなく、学生起業支援団体だったといえる。

　ビジネスプラン・コンテストの内容に関しても課題が散見された。一番の問題点は、審査基準と審査員のミスマッチにある。審査基準は、①独創性　②実現性　③収益性　④発展性　⑤プレゼンテーションの内容、の5項目であり、これは、ベンチャービジネスを想定した審査基準であった。一方で、1次審査員（書類選考）、2次審査員（面接審査）の顔ぶれをみると、必ずしも、ベンチャービジネスの専門家が審査員にはなっていない。ベンチャービジネスに関わったことのない中小企業診断士などが、まさに独自の審査基準で審査を行っており、「このビジネスはリスクが高いから修正せよ」というコメントすら散見された。いかにも役所の創業融資相談にみられるような指導内容であったといってもよい。その結果、ベンチャービジネスとして評価されるのにふさわしいビジネスプランが予選（1次・2次審査）で不合格となるなど、決勝大会に進むビジネスプランのすべてが、必ずしも審査基準に合致したものではなかったと考えられる。具体的には、審査基準のなかでも、②実現性、⑤プレゼンテーションの内容を重視した審査が行われた感が強く、結果、決勝に進むプランには、残念ながら③収益性や④発展性が乏しいケースが多かった。ベンチャー起業家の育成という目的からすれば、審査員の選定はきわめて重要であり、これを間違えると学生の頑張りが適正に評価されず、ベンチャー起業家の輩出の芽を摘む結果になりかねない。

（3）新しい取り組み

① 部員の確保

　2012年2月に、DVTの新代表から、DVTは廃部の危機であるが再生させ

図表 1-9　DVT 新入部員の所属学部別内訳（2012 年）

所属学部	人数
商学部	56 人
経済学部	38 人
法学部	6 人
合計	100 人

出所：筆者調べ。

たいという旨の相談が筆者にあり、新代表の熱い思いに共感した筆者は、DVT の顧問を引き受けた。ここから、筆者と新代表の学生との二人三脚でのDVT 再生計画がはじまった。一方、筆者がベンチャービジネスの教員であり、また、起業経験があり実際に企業経営をしているということから、毎月 2 名ほどの学生が、起業の相談に訪れていた。このような状況をかんがみ、同志社大学には、起業家志望の学生が一定数おり、呼びかければ、一定の部員を確保できる見込みが筆者にはあった。そのような状況下、実際に起業している学生、ベンチャー企業に就職する学生（いずれも新 4 年生）に DVT の学生アドバイザーとしての役割を依頼し、4 月の新入生勧誘の説明会において、新入生に向けた講演をしてもらった。身近な上級生が、実際に起業体験や夢やベンチャー企業の魅力を語ることで、多くの新入生の心をつかむことができ、DVT の理念を明確に打ち出すこともできた。「同志社発のベンチャー起業家を輩出すること」「起業家を志す学生のプラットフォームになること」を理念として、勧誘を試みた結果、4 月には、九十数名の新入部員を迎え、100 名規模の学生起業団体となった（**図表 1-9**）。

② ベンチャー起業家教育の充実

　ベンチャー起業家の輩出に向けて、5 月より、ビジネスプラン作成講座を実施した。筆者のほかにも、起業家、ベンチャーキャピタリスト、公認会計士などを講師に招聘して講義を行うとともに、DVT の外部アドバイザーとして活動に協力してもらった。この講座において、座学で指導できることは限られているため、フェイスブック[5]のグループページを活用し、ソーシャ

ル・ラーニングという試みを実施した。個人、あるいはグループでビジネスプランを作成し、フェイスブック上にプランをアップロードしておくと、ベンチャービジネスの専門家であるアドバイザーや学生からさまざまな意見やアドバイスがコメントされ、それをもとにブラッシュアップしていくという作業が活発に繰り返された。このようにして作成されたビジネスプランを夏以降に全国各地で開催されるビジネスプラン・コンテストに応募していくとともに、最終的には同志社大学のビジネスプラン・コンテストに応募して優勝を狙うことを1つの目標とした。

③ ビジネスプラン・コンテスト

　前年度の反省を活かし、審査基準の明確化と共有を行うために、ベンチャービジネスの専門家を中心に、審査員の選定が行われた。審査員は、コンテストの審査のみでなく、ビジネスプランのブラッシュアップや、実際に起業する際の支援者としての役割も担っている。さらに、コンテストの上位入賞者には、従来の起業資金の授与（30万円）に加えて、同志社ベンチャーファンド（5.5億円）からの投資の検討、VCの紹介、インキュベーションオフィスの貸与など、コンテストがコンテストで終わらないための対策も行われた。

3　考察──大学における起業家教育の有効性と限界

（1）大学における起業家教育の意義

　起業家の素質や能力は、教育（特に正規の教育課程）によって養えるものではないという意見がある。また、養えるとしても、むしろ初等・中等教育における創造力、企画力、決断力、忍耐力、実行力などの育成のほうが重要であるとの意見もある。大学・大学院で起業家教育を施しても、卒業生の大部分は起業よりも就職を選択するので無駄ではないか、という見方もある。しかし、DVTの事例にもみられるように、起業を志す学生は一定数存在し、その数は決して無視できる数ではない。彼らと向かいあったときに、大学としてなんの手立ても打てないようであれば、教育機関としての存在が問われ

かねない。実現性を問われずに将来の職業を夢みる初等・中等教育の時期ではなく、現実に職業を選択する一歩手前の段階である高等教育の時期において、起業家という職業の選択肢を認識させることが、実効性の高い教育プログラムになる。現状で起業し成功している者の多くは、そのような気づきの機会を得なくても創業できたわけだが、大学・大学院における起業家教育を拡充することによって、さらに多くの潜在的な起業家を育成することができると考えられる[6]。つまり、在学中や卒業直後に起業しようと考えている学生だけでなく、起業という生き方をほとんど知らない学生に対しても、起業家という職業の特徴や実例などを教えることで、潜在的な起業家予備軍が増加することになる。在学中に起業家という選択肢を認識させることで、卒業後企業などに就職したとしても、ビジネス経験を積んだあとに起業するという事例が増えると期待される。むろん、中長期的には、高等教育だけでなく、初等・中等教育段階における起業家教育を充実させることも重要である。

　起業家教育において重要なことは、起業するとはどういうことか、という全体像を正しく教えることである。これはとりわけ、ベンチャー型起業においては重要である。ビジネスの経験がない学生にとって、そもそもベンチャー起業に対するイメージがわきにくく、ベンチャー型起業の全体像がみえにくい。これを解決するために、ベンチャー起業家教育は必要なのである。偏見や思い込みではなく、客観的な研究にもとづいた組織的なベンチャーの基礎教育が必要である。

　ベンチャー型起業をめぐるリスクは、「不確実性」と「曖昧さ」に分けて考える必要がある。不確実性とは、起業失敗の確率のことで、起業したあとにどんな軌跡をたどれば、どれくらいの確率でどんな結末になるかということがわかっている状態である。ベンチャー型起業に成功する確率は、経験的に10％といったことを知ることが重要で、バブソン大学の起業論では、最初の時間からそれをはっきりと強調している（Minniti 2005）。その低い可能性を知っていればこそ、失敗に備えることができる。それに対して曖昧さとは、起業したのち、いったいなにが起こるかさえわかっていない状態、すなわち、起業の全体像がまったく把握できていない状態である。このように区別する

と、起業家は、曖昧さを嫌う一方で、不確実性は好むと特徴づけることも可能である。したがって、大学で起業について学べば、起業現象をめぐる曖昧さを払拭し、不確実性を理解し、それに立ち向かう準備をすることができる、と起業家教育の意義を説明することができる（古田2002、117頁）。

　一方、これまで大学・大学院での起業家教育は、大学発ベンチャーを起業することと連結して語られることが多く、とりわけ、理系を中心とした大学での研究成果をもとに起業されたベンチャーに着目されることが多かった。一方、文系に焦点を絞った大学発ベンチャーに関する議論は少ない。しかし、現実には、起業家志望の学生は、経済学部や商学部といった文系学部にも存在するし、DVTにおいては、部員の100％が文系の学生である。また、大学における起業家教育の講座のほとんどが、文系学部のなかで取り扱われている。理系、文系を区別するならば、理系の大学発ベンチャーの多くが、研究成果としての技術をいかに事業化するかに主眼をおいた技術起点型のビジネスモデルであることに対し、文系の起業家には、事業を起点に必要な技術やサービスを考える事業起点型のビジネスモデルを構築する能力が求められる。本書は、文系の起業家教育という観点から、そのあり方を考えるものである。

（2）場の提供

　学生起業家予備軍は、一定数存在している。ただし、彼らが集う場がないために、大学教育においても手の施しように苦労しているというのが実情であろう。学生起業団体は各大学に存在するが、かつてのDVTがそうであったように、実態は、起業家予備軍が集まる学生起業団体というよりは、ビジネスプラン・コンテストを実施する学生起業支援団体というケースが多い。コンテストに応募する学生が学生起業家予備軍であるのだが、彼らが集う場がない。起業仲間との出会いや切磋琢磨できる環境がないのである[7]。一方、新生DVTは、学生起業家予備軍が100名集まった団体に生まれ変わり、そこには若いエネルギーが充満し、まさに切磋琢磨している光景がある（**図表1-10**）。「普通の友達に起業の話なんて恥ずかしくてできません。でも、DVTでは、起業の話を堂々とできて本当に嬉しい」という1年生のコメン

図表 1-10　DVT 新入部員の起業意識調査

回答	人数
学生起業したい	10 人
将来、起業したい	37 人
起業に興味はある	48 人
起業しない	5 人
合計	100 人

出所：筆者調べ。

トが、現在の起業家予備軍の実態を如実にあらわしている。潜在する学生起業家予備軍を顕在化させる場が、大学において必要である。

（3）課外活動への着目とメンターの存在

　起業家予備軍が集う場は、DVT のような課外の学生起業団体に求めることができる。ベンチャー起業家の輩出や教育の充実を目指すとき、大学の講義だけで起業家を養成することには限界がある。その打開策として、課外活動の充実が1つの解決策になると考えられる。たとえば、体育会に所属する学生がその分野でプロスポーツ選手を目指すような育成システムを、起業家教育においても実践できないものだろうか。そこには、切磋琢磨できる仲間がおり、指導者は技術指導はもちろん、メンター[8]の役割も果たす。正規科目の体育の授業だけでプロスポーツ選手は生まれないわけであり、ベンチャー起業家の輩出についても同様であろう。

（4）ベンチャー起業家教育の盲点
① ベンチャー企業の共通理解
　1）ベンチャー企業の定義　　ビジネスプラン・コンテストの審査員が、独自の視点で審査を行っていたことからもわかるように、一般に、ベンチャー企業に対する共通の理解がなされていない（熊野 2008）。ベンチャー企業とは、米倉誠一郎や吉田和男が指摘するように、VC が投資対象としうる企業であることが条件であり、それが合理的な定義であると考える[9]（米倉 2001；ゴンパース／ラーナー 2002）。しかしながら、一般にベンチャー企業の

定義はいまだ明確ではない。実際、なにか起業をすればベンチャー企業だといわれることがあるが、起業することがベンチャー企業ということであれば、日本の中小企業のすべてがベンチャー企業ということになってしまう。

　2）**起業のパターン**　　起業には、その成長の志向性によって、3つのパターンが存在する。それは、①ベンチャー型起業、②中小企業型起業、③自営業型起業の3パターンである。①ベンチャー型起業とは、VC投資を受け、かつ、雇用がともなうもの、②中小企業型起業とは、VC投資は受けず、雇用がともなうもの、③自営業型は、VC投資を受けず、雇用もともなわないものである。起業に関心の高い学生に対して、起業の3タイプを正しく教育したうえで、起業の志向性を選択させる必要がある。

　3）**ベンチャー型起業を選択する意味**　　ベンチャー企業の定義のキーワードとして、「起業家による革新的な新規事業への挑戦」というものがあるが[10]、これを実践するためには、VCからの資金調達が前提となる。新規事業は、キャッシュを生むまでに相当な時間を有することが珍しくなく、VCからの投資がなければ、起業家が連帯保証人となって創業融資を受け、下請業務で日銭を稼ぐことを優先しなくてはいけない。これは、中小企業型の起業方法であるが、これでは、本来のやりたいことができない。また、個人保証をともなう借り入れをしているがために返済不能となると、起業家個人としても再起が困難になるのが日本の現状である。

　新規事業への挑戦を行うベンチャービジネスのためには、起業後の早い段階で成長資金をVCから調達することを視野に入れる必要がある。その資金で起業家自身の生活、すなわち給料もまかない、人材を雇い、サービスを開発することで、スピード感をもってダイナミックな事業に挑戦することが可能になる。かつ、シリコンバレーがそうであるように、原則として起業家個人のリスクは少ない（石黒2005）。この事実は、起業家教育においてあまり強調されていない。また、わが国のVCは、株式公開の目処が立っているレイターステージでの投資が中心であり、アーリーステージでの投資は少ないといった、新興市場が誕生する以前の残像が強いが、VC投資の現実は、いまやアーリーステージが中心であり、ベンチャー型起業は現実的な選択肢であ

ることを主張したい。

② ベンチャー起業家教育の内容

　先行するアメリカとの格差はいまだ大きく、大学・大学院における起業家教育プログラムを引き続き拡充すべきである。起業家教育を実施する日本の大学・大学院は増加しているが、アメリカと比べると、実施科目数で5分の1程度にすぎない（日本：928科目、アメリカ：約5000科目）。また、学部に専攻やコースが設置されている大学数では、16分の1以下の水準にある（日本：30校、アメリカ：約500校）。しかも1～2科目しか設置していない大学が過半数を占め、基礎から実践にいたるさまざまなニーズに対応するような、段階的で多様性のある起業家教育プログラムを用意している大学は少ない。質の面でも、アメリカとの格差はいまだ大きい。日本の起業活動を活性化するため、質・量ともに、大学・大学院における起業家教育プログラムを引き続き拡充すべきである（大和総研2009、46頁）。

　ベンチャー起業家教育は、その前提として、ベンチャー起業に対する共通の理解のもとで実践される必要がある。ベンチャー企業の定義や起業のパターンを理解し、さらに、ベンチャー起業を選択する意味についても理解することが重要である。また、起業にはさまざまなパターンがあることも紹介するべきである。VCから出資を募り、株式上場を目指す本格的な起業もあれば、非営利事業を手がける社会起業家やSOHO（Small Office/Home Office）に代表される個人事業主などもある。より幅広い選択肢から選べるように、代表的な起業のスタイルを示すことが重要であるが、わが国の起業家教育の現状においては、この部分が明確に意識されていないと考える（大和総研2009、47頁）。ベンチャー起業と新規開業一般では、1人の起業家が出発点となる点においては共通しているものの、成長の速度や規模、技術やビジネスモデルの革新性、資金調達方法などにおいて異なる面があるため、必要とする情報やスキル、マネジメント能力などに違いがある。わが国のこれまでの創業検討段階での起業家教育では、新規開業一般に焦点をあわせ、起業を志す人々の裾野を広げることに主眼をおいてきたが、今後は、成長を志向する

ベンチャー創業に特化した教育・支援にも力を入れる必要がある（経済産業省 2008b、23 頁）。そのなかで重要となってくる視点は、ベンチャー起業に対する共通理解であり、より実践的なベンチャー起業家教育の内容として、ベンチャーファイナンスの現状認識と事業起点型のビジネスプランの作成と知識習得であると考える。

③ 起業家教育とエコシステムの連動

　課外活動においても、大学関係者が起業に関する正しい知識を得て、ベンチャー起業家教育を実践していくためには、起業家教育と起業支援活動の連動が必要である。すなわち、学生、教員、学内ベンチャー支援機関、外部ネットワークが有機的に機能する必要がある。この点では、大学同窓生の経験や人脈を活用することが有効と考えられる。DVT の活動においても、同志社大学の OB で、30 代を中心とした現役のベンチャーキャピタリストやベンチャー関係者が、外部アドバイザーとして熱心に学生の指導にあたっている。また、同志社ベンチャーファンドからの資金支援など、教育と支援の連動が試みられようとしている。このようなかたちで、DVT のなかから、まずは、1 人のベンチャー起業家を輩出させることが、なにより学生起業家誕生の連鎖を生む突破口になると考えられる。学生にとって一番身近な存在は学生である。先輩の学生起業家は、一番身近なロールモデルとなるし、メンターとして起業に向けたモチベーションを上げる役割も果たすであろう。このような重層的な起業家教育、起業支援の体制構築が重要であるし、それは DVT における当面の課題でもある。

●注
（1）　経済産業省（2008b）14-15 頁参照。加えて、同報告書では、起業家が備えるべき資質は、起業家というキャリアパスを選択しない人たちにとっても、さまざまな経済・社会組織のなかで創造的で新しい事業や活動を行う際に必要となる資質であることから、その教育的効果は、起業家創出にとどまらず、日本社会、日本経済全般の活力向上にも資するとしている。

第 1 章　起業家教育の現状と課題

（ 2 ）　Ewing Marion Kauffman Foundation：アントレプレナーシップに関する世界最大の財団。http://www.kauffman.org/
（ 3 ）　"Entrepreneurship in American Higher Education"（http://www.kauffman.org/uploadedfiles/entrep_high_ed_report.pdf）参照。
（ 4 ）　バブソン大学は、『US ニューズ＆ワールド・レポート』誌による調査で、アントレプレナーシップ部門で 18 年度連続トップの評価を受けている（http://www.babson.edu/about-babson/Pages/home.aspx 参照）。
（ 5 ）　世界最大のソーシャル・ネットワークング・サービス（SNS）（http://www.facebook.com/）。
（ 6 ）　大和総研（2009）3 頁参照。起業家教育で学ぶ「新規事業の立ち上げ」に関わる知識・能力・疑似体験などは、決して起業するときにだけ活かされるものではない。新規の事業や活動などに関する計画を立案し実践することは、既存企業や公的部門に就職しても重要になる知識や能力である。すぐに起業しなくても、起業家教育を通じて、新規事業の立ち上げやアントレプレナーシップ（起業家精神）を修得することは、より広い意味で実社会において役立つ有効なプログラムである。
（ 7 ）　ネットワークや場の重要性については、金井（1994）、芦塚（1999）67-92 頁、伊丹（1999）を参照。
（ 8 ）　メンター（英：mentor）とは、ギリシャ神話に登場する王様の息子の教育係であった人物メントルに由来し、師匠、信頼のおける指導者、良き相談相手、良き理解者、良き支援者などの意味で、起業家教育においても重要な役割を果たす存在として認識されている。筆者の経営の師である新将命氏は、メンターについて、つぎのように述べている。「メンターとは、単なる知識や情報を与える存在（teacher）ではない。起業家が、何かに行き詰まったとき、絶望の淵に立ったときに、生きる勇気や知恵を授ける存在、それこそがメンターの役割である」（新 2009、277 頁）。起業家教育におけるメンターの活用については、株式会社日本インテリジェントトラスト（2007）に詳しい。
（ 9 ）　吉田和男は、ゴンパース／ラーナー（2002）の監訳の言葉のなかで、VC が投資するビジネスをベンチャービジネスと呼ぶことが合理的であると主張している。
（10）　たとえば、柳（2004）では、「高い志と成功意欲の強いアントレプレナー（起業家）を中心とした、新規事業への挑戦を行う中小企業で、商品、サービス、あるいは経営システムにイノベーションに基づく新規性があり、さらに、社会性、独立性、普遍性をもち、矛盾のエネルギーにより常に進化し続ける企業」とある。

第2章
先行研究のレビューと分析視角

1　新興市場の誕生とベンチャー企業研究

(1) 新興市場の誕生がベンチャー企業研究に与える影響

　東証マザーズなどの新興市場の誕生によって、わが国のベンチャーをとりまく環境は一変した。これは、わが国にとって、ベンチャー起業家社会の夜明けといってもよいほどのインパクトをもつものであった。夜明け前においては、会社設立から株式公開までの平均期間が、創業後約30年であり[1]、起業の段階で株式公開を視野に入れることは、あまりにも長期的な視点であって現実的ではなかった。それゆえ、株式公開は経営者の夢とまでいわれていた。

　しかし、新興市場が誕生し状況は一変した。新興市場における株式公開までの平均期間は、8年ほどであり[2]、上場の最短期間は9ヶ月、最年少の上場企業社長は26歳という若さである[3]。この現実を直視し、新しい時代のベンチャー起業論を展開する必要がある。ベンチャー起業家社会の夜明け前の議論のなかですでに解決されたこと、解決されていないこと、変えるべき視点と変えてはいけない視点を明確にすべく、以下では先行研究をレビューしていきたい。

(2) 夜明け前の議論――新興市場なきベンチャー企業論

　わが国のベンチャー企業研究は、ベンチャー先進国であるアメリカと比較

して論じられることが多い。とくに、新興市場の誕生前の議論においては、アメリカのナスダックのようなベンチャー企業向けの株式市場の創設をはじめとして、ベンチャー企業の輩出や育成について、アメリカの制度に倣うことにその解決が求められていた[4]。石黒憲彦は、新興市場誕生前のベンチャー企業の輩出阻害要因として、「ベンチャー向け株式市場の未整備」を挙げ、株式市場の上場基準や運用などの問題から株式公開までのリードタイムがきわめて長かったことを問題視している。これまで店頭登録にいたるまでの平均社歴は30年である一方、VCのファンドの資金は短いもので7年、通常10年間で運用されるため、上場しやすい株式市場があるかないかは、じつはベンチャー企業が資金を集めるうえできわめて重要なポイントであった。比較的早く資金回収できる可能性があれば、リスクが低くなる一方でリターンが大きくなる可能性も高まり、機関投資家や個人投資家は、従来以上に初期段階から投資しやすくなることを強調している（石黒2000）。このように、新興市場がないために、VCからの投資も少なく、あっても上場間近のレイターステージでの投資が多く、アーリーステージの投資は少ないというのが現実であった[5]。

　こうした、ベンチャー企業の事業リスクを前提にハイリターンを期待して行うプライベート・エクイティ・ファイナンスといった出資の仕組み、すなわちエンジェルといわれる個人投資家やVCによるベンチャービジネスに対する資金供給、いわゆるリスクマネー供給は、アメリカに比して十分とはいえなかった。そのため、日本のベンチャー起業家の一般的な姿は、起業の資金を自己資金のほかに親族から集め、そのなけなしの資金を資本金と資金繰りに充当して事業を開始するというものであった。そして、過少資本のまま、懸命に銀行、信用金庫、政府系金融機関からの借り入れにチャレンジして、なんとか事業をつないでいくというのが、日本のベンチャー企業の平均的な姿であった。しかし、間接金融は、事業リスクが高く社歴の浅い、しかも担保が不足しがちなベンチャー企業に向いていない。投資は企業の事業リスクと一体で、成功すれば配当あるいはキャピタルゲインが大きい一方で、失敗すればそのぶんなくなるだけである。だからこそ投資はリスクマネーなわけ

であるが、間接金融の場合は、事業に失敗しても債務がなくなるわけではない。このため、会社の資金について経営者個人が信用保証をしていることが多いため、一度事業に失敗すると最後は個人で借金を背負って夜逃げ同然となるのが実態である。わが国では、その後も金融機関からは借り入れをすることが困難で、いずれにせよなかなか敗者復活戦を認めないという環境にある。個人投資家も機関投資家もベンチャー企業がハイリスクであるがゆえに投資を渋り、投資を渋るからなおさらベンチャー企業の事業リスクが高くなるという、「資金供給の悪循環」が生まれている。これらは新興市場誕生前におけるベンチャー企業論における定説であった（石黒2000、24-29頁）。

　一方、制度的な側面に加えて、文化や起業風土はもとより、本書で検討する起業家教育やシリコンバレーの地域ネットワークについても、当時から議論されていた。石黒は、大企業中心の企業文化、社会文化についても、ベンチャー起業の輩出を阻害する要因に挙げ、一流大学、一流企業に入ることが人生の成功であるといった価値観が強く、優秀な人材は大企業に偏在し、ベンチャービジネスをはじめようとする優秀な人材は少なかったことを指摘した（石黒2000）。さらに、せっかくベンチャー企業を立ち上げても、支援環境が必ずしも整備されているとはいえず、リスクは高いままで、ベンチャー企業をはじめる優秀な人材がますます少なくなるという「人材供給の悪循環」が生まれていた。1990年代後半頃のベンチャー支援環境は、公的機関による融資・債務保証制度や産学共同施設、インキュベーター・ラボ、研究所団地などの支援施設などハコモノについては、20年前のレベルに比較すると飛躍的に充実したとしながらも、経営のサポートといったソフトの支援はいまだ充実しているとはいえず、徒手空拳で新しい事業にチャレンジしている実態について分析している。

　このように、ベンチャー企業をとりまくさまざまな課題がみられたが、大きく整理するとわが国では「ベンチャー向け株式市場の未整備」「未熟なプライベート・エクイティ・ファイナンス市場」「資金供給の悪循環」「人材供給の悪循環」といった4つの問題によって、果敢に起業に挑んで経済的利益と社会的尊敬を勝ち取るという成功神話に乏しく、結果としてますます優秀

図表2-1 新興市場誕生前の議論——ベンチャー企業が輩出されない理由

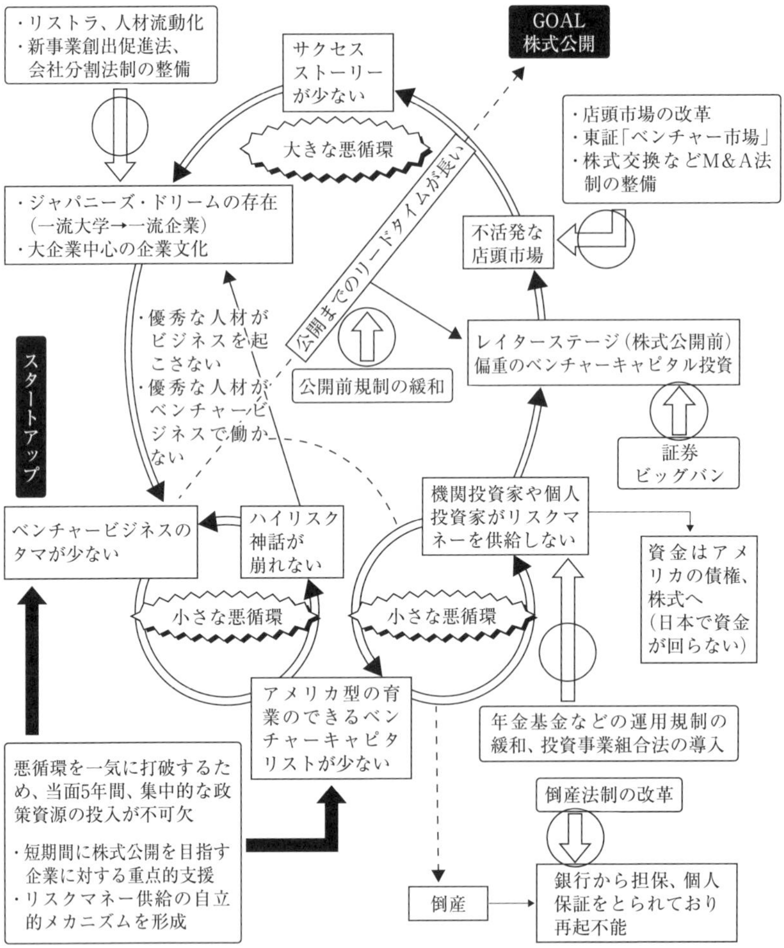

出所：石黒（2000）24頁。

な人材が大企業に入り、そこにとどまることを志向する大きな悪循環が形成されていたといえる（図表2-1）（石黒2000、25頁）。

　本書で議論するベンチャー起業家の輩出やベンチャー企業の育成に関する議論自体は、目新しいものではない。新興市場が誕生し、それにともない

VC市場も格段に成長してきたが、いまなお、「資金供給の悪循環」や「人材供給の悪循環」に関する課題は残されたままである。起業の風土やベンチャー起業家輩出のための起業家教育、シリコンバレーにみられる育成の方法についても、これまで以上に議論していく必要がある。

（3）新興市場下におけるベンチャー企業研究の再検討

　新興市場の誕生や一連のベンチャー政策の実現により、制度的な環境はおおむねアメリカに追いついてきた。ここで考えなくてはいけないことは、ベンチャー企業研究も、新興市場の存在を明確に意識しなくてはいけないということである。新興市場が誕生したために、会社設立から上場までの経過年数は大幅に短縮しており、東証マザーズ市場においては、おおむね10年以内に上場を遂げている。短期間での株式公開による資金回収が見込めるため、VCもアーリーステージでの投資が増加しており、近年、日本のVC投資の5割は、アーリーステージ投資である。このような現実は、一般的に正しく認知されていない感が強く、過去のベンチャー企業論を引きずったかたちで、ベンチャー企業のファイナンスについて語られることも少なくない。

　新興市場の誕生やアーリーステージでの投資といった実態に即し、ベンチャー企業の定義も再検討する必要がある。また、根本的な問題として、起業の数が少ないことを問題視する議論も多い。これらを解決するために、起業家教育の重要性について議論を深め、具体的な教育方法にまで踏み込んだ研究を活発に行う必要がある。

　注目すべきもう1つの視点は、ベンチャー企業を育成するエコシステムに関する議論である。ベンチャーを育む制度が充実したものの、わが国のベンチャー企業は、アメリカのように産業の一翼を担うレベルにはいたっていない。ここで、あらためて強調されているのが、従前から議論されてきた、ベンチャー企業を育む風土的な問題である。近年では、シリコンバレーモデルにみられるように、ベンチャー企業を育むエコシステムの構築に関する議論が盛んになっている。

　制度や社会の仕組みは起業家やベンチャー企業に有利になっているにもか

かわらず、わが国のベンチャー企業は低迷を続け、いまだ産業構造の一翼を担うレベルにとうてい及んでいないという指摘もある。しかし、わが国におけるベンチャー企業の創出による経済活性化という観点からみると、ベンチャー企業の創出それ自体の重要性は、従来指摘されてきたとおり、なんら色あせるものではないと考える。わが国経済の閉塞感、日本的経営、文化的・社会的枠組みといった状況があるなかで、急速な変革への挑戦があり、それ自体は大いに評価されるべきであるが、新興市場の歴史、その状況下にあるベンチャー企業や支援セクターの歴史も、まだ14年という浅さであり、発展途上の段階である。こうした急速な変革であったために、当該システムの限界がここにきて顕在化している。このような現状をかんがみ、いま一度その課題と解決策を考える時期にきているといえる。

2 先行研究のレビュー

(1) ベンチャー企業の定義に関する先行研究
① ベンチャー企業の定義

　ベンチャーの定義に関しては、絶対的な定義は確立していない[6]。研究者によりベンチャー企業のとらえ方の段階で本質的な違いがあり、その違いが定義をさらに異なるものとしている。また、社会背景の変化によっても変遷している。太田一樹らは、「ベンチャー企業の定義は、同一の研究者であっても変化しているし、その時々の時代背景のもとで出現したベンチャー的特徴を有する企業から研究者個々人の問題意識でエッセンスを抽出し定義してきたのである」と指摘している（太田・池田・文能編2007、15-16頁）。

　わが国には、これまで3回のベンチャーブームがあった。その区分は第1次ブームが1970～73年頃、第2次ブームが1983～86年頃、第3次ブームが1993年～現在である。

　第1次ブームは、高度成長期の大量生産・大量消費型産業といった重厚長大型産業からの脱却が求められていた時代に符合する。わが国において、ベンチャーという用語は、1970年に通商産業省（現・経済産業省）の佃近雄によ

ってはじめて使われたとされ、清成忠男らによって広く普及していくこととなる（清成・中村・平尾 1971）。清成らは、ベンチャー企業を「研究開発集約的、またはデザイン開発集約的な能力発揮型の創造的新規開業企業」と定義しており、「独自の存在理由」「経営者の高度な専門能力」「大企業からのスピンオフ」「高収益」「急成長」といった特徴を挙げている。研究開発やデザインといった特定領域を挙げ、スピンオフ（分離独立）という特徴を強調していることから、比較的限定された定義となっている。これには、1970 年代初頭当時の状況が背景にあり、1960 年代まで主流であった重化学工業と大規模組織体制とは異なり、脱工業化・脱大規模組織化を示す異色な企業として、ベンチャー企業がとらえられていたことがわかる。

　第 2 次ブーム期には、エレクトロニクスや新素材分野を中心としたハイテク型ベンチャーが登場し、第 3 次産業の成長にともない流通業やサービス業の分野に新たなベンチャー企業が誕生している。清成は、ベンチャー企業を「脱工業化段階における高度に知識集約的な創造的中小企業」と定義しており、ハイテクベンチャーに限定されず、流通業やサービス業も含められていることがその特徴である（清成 1984）。

　第 3 次ブームは、1990 年代初頭のバブル崩壊の時期からはじまる。いわゆる「失われた 10 年」といわれるなかで、1990 年代後半からのインターネットの普及により、新しいサービスが登場し、既存市場においても新たなビジネスモデルを構築するベンチャー企業が台頭してきている。清成の主張では、「スピンオフした企業が多い」という点は変わらないが、分野に関しては「われわれが構成したベンチャービジネスの概念は、ハイテクベンチャーに限定されない」と明示され、「ファッション産業や流通・サービス業の企業も含まれる」と述べられる（清成 1996）。時代が変わり産業構造も変化したことで、ベンチャー企業の進出分野が拡大しているとされ、「我が国においても、いま重要なことは、企業家セクターを強化することである。リスクキャピタルの供給など、政策的な支援が望まれる」と、ベンチャー企業をとりまく環境整備の必要性が強調される（清成 1996、21 頁）。さらに、清成は、「ベンチャービジネスは、個性的な異色企業であり、その具体的な存在形態はまこと

に多様である」とする。発展志向性も多様であり、具体的には「規模を拡大し新しいタイプの中堅企業を志向するもの、規模の拡大を避け魅力ある異色企業に徹するもの、核分裂を繰り返しグループ形成するもの」を挙げた（清成 1996、79-80 頁）。これは、ベンチャーを必ずしも規模の成長を志向する企業に限定していないことが特徴である。以上、時系列的にわが国ベンチャー研究の第一人者である清成忠男の定義をレビューしてきたが、ベンチャー企業のとらえ方は、時代背景や政策的背景を反映して変化していることがわかる。

近年の研究では、柳孝一が、清成らの初期の概念を発展させ、独立型ベンチャー企業を「高い志と成功意欲の高いアントレプレナーを中心とした新規事業への挑戦を行う中小企業で、商品、サービス、あるいは経営システムにイノベーションに基づく新規性があり、さらに社会性、独立性、普遍性を持ち、矛盾のエネルギーにより常に進化し続ける企業」と定義している。また、定義の補足として、①「成功意欲」という意味のなかには、成功の尺度や内容が個人によって多様であるという考え方が含まれること、②アントレプレナーが複数結束して成功するパターンもあることが念頭におかれること、③中小企業の量的基準（資本金や従業員の規模）のなかで、定義に示された質的基準を満たす企業がベンチャー企業であること（質的基準を重視する）などを述べている（柳 2004、18-21 頁）。金井一頼らは、ベンチャー企業の定義には、①リスクを強調する定義、②革新性を強調する定義、③成長を強調する定義、④アントレプレナーシップを強調する定義に分類できるとしたうえで[7]、「起業家によって率いられた革新的な中小企業」をベンチャー企業と定義している（金井・角田編 2003）。

このように、曖昧な概念として一般化しているベンチャー企業の概念であるが、その定義は分析者の研究対象に依存するところが大きく、個別の分析に応じて多様な定義が可能となる。佐竹隆幸は、ベンチャービジネスの定義に関する基準について、①企業規模の区分（中小企業基本法に規定されている大企業か中小企業かという区分）、②新規開業からまだ日が浅い成長初期段階であるか、むしろ成長段階中期から後期を迎えた企業であるかの区分、③主

たる事業分野の成熟度が、新規産業分野であるか、既存の技術やノウハウを融合させた成熟産業分野であるかの区分、の3点であると整理している。また、3つの基準で検討した場合、①中小企業であること、②成長初期段階であること、③新規産業分野であることのいずれも満たしている「狭義のベンチャービジネス」のみが政策対象になっているわけではなく、①中小企業であることのみを必要条件とし、曖昧なベンチャーの条件のいずれかの点を満たす可能性がある企業をとらえて「広義のベンチャービジネス」とする定義が、こんにちでは政策上一般的に採用されていることを指摘している（佐竹2008）。

　すなわち、ベンチャー企業の定義をめぐっては、量的基準に関しては中小企業という企業規模を基準にしたうえで、理念的な質的基準の分析に焦点をあてた研究がなされている。ベンチャー企業研究に内在する本質的な問題点として、ベンチャー企業に関連する研究が総体として増加する一方で、ベンチャー企業の把握の仕方で共通の理解が進んでいないことが挙げられる。これは、研究者が対象とするベンチャー企業そのものが、質的基準による概念であり、絶対評価ではなく、相対的評価にもとづく概念であることに起因する[8]。つまり、質的基準を基本におくがゆえに、理念型にとどまらざるをえないという制約をもちあわせている。なにをもってベンチャー企業とするのか、社会環境の変化とともに問い直す必要が出てくる。そこで以下では、新興市場の開設に着目して、ベンチャー企業の定義を再検討する。

② **新興市場開設とベンチャー企業の再定義**

　新興市場の開設が行われた2000年の前後で、ベンチャー企業をとりまく環境は大きく変わっている。この時期には、ベンチャー企業など成長意欲のある中小企業を対象にした国や地方自治体の支援策が矢継ぎ早に展開された。1999年秋の臨時国会は、中小・ベンチャー国会と位置づけられ、株式公開を目指すベンチャー企業に対する政策が目玉とされ、法制化された。新興市場の開設により、ベンチャー企業の資金調達をはじめとする外部環境は大幅に改善されたといえる。

このような状況の変化をかんがみ、VC が投資している企業をベンチャー企業としてとらえていこうとする見方が出てきた。米倉誠一郎は、「ベンチャービジネスとは、VC によって投資を受けた企業であり、それ以外は単なる創業企業であり、学術的な分析対象にはなりえない」と強調した（米倉 2001、360 頁）。これまでのわが国においては、VC が未整備かつ短期間で公開しやすい株式上場マーケットがなかったために、新事業の創造をファイナンスと分離して「ベンチャービジネス」と定義せざるをえず、資金源を限定しなかった。その結果、初期には研究開発型新規事業あるいはハイテク産業における新規事業創造に限定されていたものが、現在ではラーメンチェーン店の開業も大企業の分社化も、すべての創業がベンチャービジネスとして類型化されることになっていると指摘した。とりわけ、1995 年以降の創業ブームにおいては、これまでのベンチャーブームとは質的な変化があり、新興市場の開設によってアメリカ型の IPO（Initial Public Offering＝株式公開）を通じたキャピタルゲイン（株式などの資産価格の上昇による利益）が可能となっている。その意味で、米倉は、ベンチャービジネスを「① VC の投資と様々な支援によって創業および事業展開を図り、②短期間（4〜6 年程度）に上場・売却などのイグジット（exit）と呼ばれる一連の手法によって大きなキャピタルゲインを実現する企業群であり、③その創業分類は、不確実性の高い新技術・新サービス分野、すなわち、なんらかのイノベーションを実現する分野がきわめて多い、といった特徴を持つ企業群である」と再定義した（米倉 2001、363 頁）。米倉の定義において、VC によって資金援助を受けていることは、ただ単に、資金上の点だけではなく、技術と市場の性格や創業の目的が、明確になるという点で重要な意味がある。第一に、ハイリターンが実現しない分野やビジネスモデルは、排除されるという特質がある。また、定義を明確にすることで、ベンチャー企業のマネジメントについて、より深い考察を得ることができる。すなわち、短期間にハイリターンを得るという目的が明確な事業創造であれば、そのプロセスマネジメントについて、より明確な分析を加えることができる。そして、米倉は、アメリカにおける VC について、歴史、活動の特徴、制度的基盤を詳細に分析し、わが国の技術系

ベンチャー企業の現状と課題を指摘している。

　一方、佐竹隆幸は、①アメリカ経済においてその傾向がみられる起業型のベンチャービジネスをはじめとした独立型ベンチャー（以下、形態①）、②既存中小企業の経営革新による第二創業型ベンチャー企業（以下、形態②）、③既存大企業などの社内組織における企業革新型（以下、形態③）と３つの形態を挙げる。そしてわが国における中小企業存立の現状を前提に経済合理性の観点から検討すると、形態③の大企業組織を主体とするベンチャーは、とくに管理的・市場的適正規模の観点から問題があるとし、形態①の独立型ベンチャーは、とくに担保主義・保証制度が確立されていない日本経済においては金融的・危険負担および景気変動要因の観点から、問題があると指摘する（佐竹2008）。1999年に全面的に改定された中小企業基本法によって、形態①を中心にしたベンチャービジネスの育成・振興に関わる制度的枠組みは整備されようとしているが、日本的経営を基本とするかぎりにおいて、ベンチャービジネスを輩出しようとする文化的・社会的枠組みはいまだ未整備のままである。したがって、佐竹は、中小企業存立の視点からみれば、既存中小企業が経営形態・経営資源・経営戦略を変革させることによって成立する形態②の経営革新による第二創業型ベンチャーが、現実的には存立維持可能なベンチャーの形態であろうとし、それを「ベンチャー型中小企業」と規定した。また、米倉がアメリカのベンチャー支援事例から成功モデルを導出しているのに対し、佐竹は、以下のように指摘する。すなわち、アメリカ経済においては形態①のベンチャービジネスを支援する制度・仕組み・政策が整備され、開拓者精神ともいうべき企業家精神によって、リスクを恐れず企業存立において継続的存立基盤を前提としないセカンドチャンスをも許す社会的・文化的基盤が整っている。一方、わが国における中小企業の存立維持の観点からすると、担保主義・保証制度によらない融資制度の確立など抜本的な企業存立維持制度の検討が必要となってくる。さらに、日本的経営を基盤とする日本経済においては、ベンチャーを支援する制度・仕組み・政策が整備されたとしても社会的・文化的風土がベンチャーを支援する環境にはいたっていないのが現状であると強調している。

清成忠男の諸著書にみられるように、ベンチャー企業の定義は、時代背景や政策的背景を反映して変化している（清成・中村・平尾 1971：清成 1984, 1996, 1997）。新興市場の開設や VC の投資活性化など、ベンチャー企業をとりまく環境が格段に整備されるなかで、ベンチャー企業の概念に関しても、実態をふまえたうえで再検討する必要がある。その意味で、新興市場の存在を明確に示したうえでの定義づけがなされてしかるべきである。

　新興市場開設前、清成は「我が国においても、いま重要なことは、企業家セクターを強化することである。リスクキャピタルの供給など、政策的な支援が望まれる」と、ベンチャー企業をとりまく環境の整備の必要性を強調していた（清成 1996）。そのようななかで 1999 年以降、新興市場の開設、支援セクターの強化、政策支援など、矢継ぎ早に、形態①を中心にしたベンチャービジネスの育成・振興に関わる制度的枠組みが整備されてきた。また、そのような状況下で、米倉のように、VC からの投資がある企業をベンチャー企業とするといった、新興市場開設後の社会環境に応じたベンチャー企業の概念も提起されるなど、アメリカのベンチャーモデルは、わが国においても制度的には整った。

　本書では、新興市場の誕生による社会環境の変化を重視し、米倉の指摘するように、VC が投資する企業をベンチャー企業と定義する立場をとり、ベンチャー起業家が活躍できる社会の実現に向けて、ベンチャー起業家の輩出と育成における重要な点を起業家教育とエコシステムの構築に求めるものである。

（2）創業モデルに関する先行研究

　ベンチャー企業の創業に関する議論において、GEM（Global Entrepreneurship Monitor）の提示する創業モデルから、多くの示唆を得ることができる（図表 2-2）。GEM は、S・ヴェネッカーズ（Wennekers 2006）のモデルをふまえ、以下のような創業モデルを提示している。創業は外部環境の影響を受けており、①失職、離職などで必要に迫られた創業（生計確立型）と②ビジネスチャンスをとらえた創業（事業機会型）の 2 種類に区分される。後者の事業

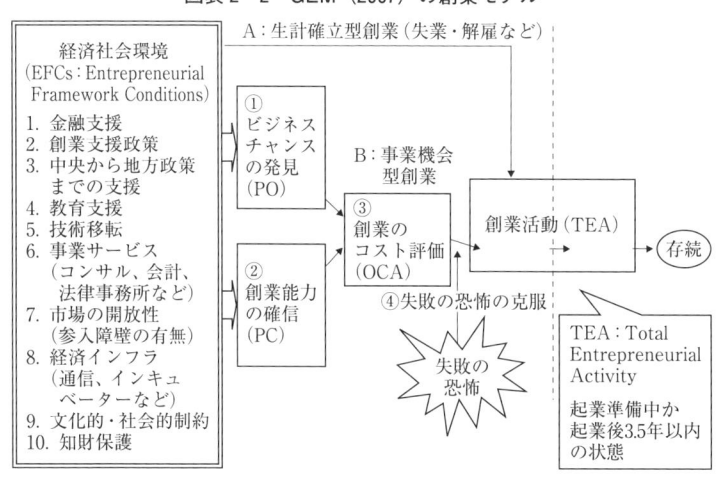

図表2-2　GEM（2007）の創業モデル

```
経済社会環境                A：生計確立型創業（失業・解雇など）
(EFCs：Entrepreneurial
Framework Conditions)     ①ビジネス
1. 金融支援                  チャンス
2. 創業支援政策               の発見       B：事業機会
3. 中央から地方政策            (PO)       型創業          創業活動（TEA）
   までの支援                           ③創業の
4. 教育支援                            コスト評価                      存続
5. 技術移転                            (OCA)
6. 事業サービス               ②創業能力
   （コンサル、会計、            の確信      ④失敗の恐怖の克服
   法律事務所など）             (PC)                       TEA：Total
7. 市場の開放性                                           Entrepreneurial
   （参入障壁の有無）                     失敗の            Activity
8. 経済インフラ                          恐怖             起業準備中か
   （通信、インキュ                                        起業後3.5年以内
   ベーターなど）                                          の状態
9. 文化的・社会的制約
10. 知財保護
```

出所：Global Entrepreneurship Monitor (2007).

機会型創業では、起業家が、（1）ビジネスチャンスがあると考え（PO: Perceived Opportunities）、（2）自分に創業の能力があると考え（PC: Perceived Capabilities）、（3）創業が得になると判断し（OCA: Opportunities Costs Assessment）、（4）失敗の恐れ（FF: Fear of Failure）を克服して創業意思を固め、創業を行う。ただし、創業の準備を開始したからといってすぐに企業が設立されるわけではない。GEMでは、企業設立前の企業家をNascent Entrepreneur（準備期の企業家）、企業設立後の企業家をOwner-manager（会社設立後3.5年以内の企業家）と呼び、18歳から64歳でこれらの創業活動をしている人の割合をTEA（Total Entrepreneurial Activity）と定義している（GEM 2007）。佐分利応貴は、GEMの創業モデルを基本型とし、VC、インキュベーターなどによる「外的資源の入手可能性」の改善と、身近な創業事例やロールモデルなどによる「起業への期待感」の上昇が、創業の連鎖を引き起こす動態モデルを構築することを明らかにしている（佐分利2012、187頁）。

（3）起業家教育に関する先行研究

わが国ではこれまで、ベンチャー企業に関する議論において、教育との関

連で議論されることは少なかった。

　アメリカの起業家教育で高い評価を得ているバブソン大学のバイグレイブとザカラキスは、「起業家は教育によって育てることができる」と明確に主張し、起業家になりたいという欲求をもっている人であれば、起業家教育のコースを履修し、新しい企業の立ち上げ方、その企業をいかに成長させるかを学ぶことによって、成功の確率は高くなるとしている（バイグレイブ／ザカラキス 2009、iii 頁）。また、ビジネスを学ぶすべての学生は、実際に起業するかしないかを問わず、起業活動を学ぶことで多くのことを得られると述べている。

　藤沢武史は、ベンチャー起業家育成のための大学教育について考察している（藤沢 2002、222-225 頁）。そのなかで、わが国とアメリカのベンチャー起業家教育の相違に着目し、わが国のベンチャー起業家教育の目指すべき方向性を明らかにしている。大学において、ベンチャービジネス教育を普及させ理論と実践を兼ねた教育を実践するうえで、ベンチャービジネス研究が学術性を増すことと理論的に発展することが不可欠であるとし、同時にベンチャービジネスを専門とする研究者の養成が急務であることを指摘している。加えて、その研究者は、起業しているか、平素からベンチャービジネスに関わっていることが望ましいとし、現状ではベンチャービジネス教育を行うのに適格な大学教員が不足していると主張した。

　経済産業省が設置した「ベンチャー企業の創出・成長に関する研究会」の最終報告書（2008 年 4 月）では、ここ 10 年間で新興株式市場の開設など、ベンチャー企業をとりまく制度的・社会的枠組みが急速に整備されてきたことを肯定的に受け止めつつも、あわせてアメリカなどでベンチャー企業が国家の経済成長やイノベーションに大きな役割を果たしていることと比較すると、わが国のベンチャー企業にはまだいっそうの発展・拡大の余地があるとしている（経済産業省 2008b）。そしてそのような認識のうえで、諸外国に比べたわが国の開業率や起業活動率の低さなどを指摘し、起業家人材不足の打開策の 1 つとして起業家教育の重要性を提起している。この問題提起のユニークなところは、大学の起業家教育への言及に見出すことができる。この研究会

の現状分析では、わが国の低い開業率の一因を大学・大学院での起業家教育の不足に求め、そして大学院だけでなく学部レベルでの起業家教育科目の受講機会の増大を求めている。

　このような、わが国の起業家教育の課題に対して、木谷哲夫らは、その豊富な実務経験をもとに、具体的な起業家教育の方法論について詳述している[9]（木谷編 2010）。木谷らはアメリカからベンチャーの最先端の理論をそのまま輸入するのではなく、日本での実践を重視している。それによれば、ベンチャービジネスに関しては日米のギャップが大きく、直輸入した考え方は、最先端すぎて、そのまま使えないという事態が起こる。たとえば、アメリカの著名なベンチャーキャピタリストが語った「ビジネスプランより社長の人物が重要」という投資判断のポイントは有名であるが、アメリカでは、ビジネスプランの完成度が非常に高く、ビジネスプランはあって当たり前なので「人を見て判断する」ということになる。一方、わが国では、まともなビジネスプラン自体が少ないとし、「プランより人」という最先端の考え方だけを直輸入しても意味がなく、事業の将来性をビジネスプランにすることの重要性を強調している。また、わが国においては、「会社のつくり方」すなわち、会社設立手続きに関する文献は多いが、「事業のつくり方」に関する文献は少ないとしている。さらに、ビジネスプランが入口であれば、株式公開や事業売却といった出口戦略についても意識する必要があるとし、最終型を起業初期の段階から意識することの重要性について論じ、さまざまな出口戦略の可能性について分析している（木谷編 2010）。

　一方、妹尾堅一郎の人材開発論は、本書における起業家教育の方法論に大きな示唆を与えるものである（妹尾 2011、225-228 頁）。妹尾は、イノベーションマネジメントにおける人材開発において、技術起点型ではなく事業起点型イノベーション人材の育成の必要性を説き、そうした人材を「事業軍師」と呼んでいる。妹尾によれば、事業軍師に求められる一番の能力はビジネスモデルの構築であり、その能力開発の基本は「定石を学び、定石を超える」訓練である。そして、この能力開発の要諦として、異業種のビジネスモデルに学ぶことを挙げている。これらの議論は、技術系人材、理系人材に向けて

のものであるが、文系学生のための起業家教育にも有用である。

（4）エコシステムに関する先行研究

　ベンチャー企業の成長要因を起業家やマネジメントのあり方に求めるのではなく、外部環境全体からとらえ、それをエコシステム（生態系）として理解しようとする研究が、近年注目を集めている。

　とくに1990年代、アメリカのシリコンバレーでつぎつぎに新しいベンチャー企業が誕生し、産業の活性化が実現したことから世界中の注目を集め、その仕組みと機能について多くの報告がなされている。アナリー・サクセニアンはシリコンバレーとボストンのルート128地域を比較し、シリコンバレーの成功要因は、新産業の創出とイノベーションのメカニズムにあるとし、ベンチャー企業がその重要な役割を担っていると分析している（サクセニアン 2009）。また、シリコンバレーの気質、文化、風土に着目し、大学やエンジェル（個人投資家）、VCをはじめとするさまざまなネットワークが身近にあり、かつ企業の壁を越えた情報や人材の交流、イノベーションにおける非公式のコミュニケーションが活発に行われる点を指摘している。また、サクセニアンは、シリコンバレーにおける移民の役割に注目し、高技能移民とその世界的なネットワークの重要性を指摘している。中国やインドの発展は、シリコンバレーで働いたエンジニアたちが帰国して起業し、シリコンバレーの移民ネットワークを使ってそれを大きく育てた結果だと主張した（サクセニアン 2008）。

　わが国においても、今井賢一と秋山喜久らや、小門裕幸は、シリコンバレーの経済メカニズムを創業支援の有機的なネットワークという視点から分析している（今井監修 1998：小門 1996）。原山優子らは、イノベーション・エコシステムという文脈のなかで、ベンチャー企業が果たす役割、ベンチャー企業の本質について分析している（原山・氏家・出川 2009）。また、イノベーション・エコシステムの本質は人材、資金、グローバル化にあるという重要な指摘があるが、この点についてはさらに議論を深める必要がある。

　磯崎哲也は、10年以上前とは異なり、日本の起業環境は整備されており、

ベンチャー企業は資金調達しやすい環境にあると分析している（磯崎 2010）。しかし、磯崎によれば、起業に対する情報が不足していることから、ベンチャービジネスに対するイメージや全体像がわかずに苦戦している起業家が多い。磯崎は、ベンチャーファイナンスとビジネスプランに関する知識、情報の習得がきわめて重要であることを詳細に説明し、「日本は起業家に冷たい国」「ベンチャー企業に資金がつかない」などの定説を疑問視する。磯崎によれば、わが国に足りないのは、ベンチャービジネスを志す起業家やベンチャー企業の絶対数である。同時に、ベンチャービジネスのエコシステムをつくり、育て、つぎつぎにベンチャー企業があらわれる好循環を生み出すことの重要性についても強調されている。

　エコシステムとは、本来は生態系を指す英語 "ecosystem" の日本語訳であり、科学用語であったが、生物群の循環系というもとの意味から転用されて、産業分野における経済的な連携関係や協調関係全体を指して用いられることが多くなった。とりわけ、イノベーション研究やベンチャー企業研究においては、アメリカ競争力委員会（Council on Competitiveness）が 2004 年 12 月に発表した報告書「イノベート・アメリカ（Innovate America）」において提示された「イノベーション・エコシステム（The Innovation Ecosystem）」という概念が、近年、注目されている。イノベーションは、人材、資金、知識、制度、市場などさまざまな要素が複雑に絡みあったプロセスから創出されるものであり、この複雑で不確実なプロセスに潜む阻害要因をイノベーションの機会に変換するためには、生態系（エコシステム）のように複雑なイノベーションをとりまく全環境を良好な状態に整えなければならない（独立行政法人科学技術振興機構 2011）。ベンチャー企業は、外部に存在するさまざまな組織との連携や協力を経て、イノベーションを創出して成長を果たすわけである。

3　本研究の分析視角

（1）本研究の分析視角

　本書では、これらの先行研究をもとに、ベンチャー起業家社会の実現について分析する視角として、ベンチャー起業家教育とエコシステムの構築を設定する。先行研究のレビューからは、ベンチャービジネスとはなにか、ベンチャー起業とはなにかといった、ベンチャー起業そのものに対する共通理解のうえで、いかにしてベンチャー起業家を教育して輩出するかという観点に加え、いかにしてベンチャー起業家を育成するエコシステムを構築するかという観点が、ベンチャー起業家社会の実現において重要であるという示唆を得ることができる。

　ベンチャー起業家の輩出にあたっては、GEM の創業モデルにみられるように、起業家が、①ビジネスチャンスがあると考え、②起業能力があると考え、③起業の合理的判断をし、④恐怖心を克服することが、起業を決断する条件となる。これらの条件を満たすために、起業家教育の果たす役割は大きく、起業家教育の目的は、GEM の創業モデルの条件を満たすことにあると考えられる。そのために、起業家教育の内容としては、ベンチャービジネスに関する共通理解のもとで、ビジネスプランとベンチャーファイナンスの知識を習得することが重要である。さらに、起業後の成長に関しては、エコシステムの構築が不可欠である。

　内部環境としてのベンチャー起業家の輩出や能力構築を目的とした起業家教育、および外部環境としてのエコシステムの構築は、それぞれ相互補完的な観点であり、双方を組み合わせて検討することが重要である。

（2）ベンチャー企業の定義と対象の限定

　ベンチャー企業については、法的あるいは学術的な定義がいまだ確立されておらずさまざまな定義が存在するが、アントレプレナーの存在、イノベーションの創出が、その定義に含まれることが多い。また、VC に由来すると

も、ベンチャー精神を重んじる企業とも解釈されている。本書では、「VCが投資する企業」をベンチャー企業の条件とし、「ベンチャー企業とは、高い志と成功意欲の強いアントレプレナー（起業家）を中心としたイノベーションの創出、新規事業への挑戦を行う企業であり、VCを中心とした外部からの資金を積極的に受け入れて、グローバル展開も視野に入れて急成長を志向する企業」と定義する。

　ベンチャー企業は、VCからの資金を受け入れるため、起業家としての成功の出口（イグジット）戦略は、①株式公開（IPO）、②会社売却・合併（M&A）の2つしかない。この成功確率はきわめて低く、ジョン・L・ネシャイムは、ビジネスプランからIPOにいたるケースは、1000分の6、VCが投資した会社からIPOにいたる確率は10分の1であると報告している（Nesheim 1997/2000）。また、『インダストリー・スタンダード』によると、スタートアップスがIPOあるいはM&Aを行うことは1000に3つに届かないばかりか、VCから投資を受けること自体が困難であり、アメリカにおいても成功するベンチャー企業はきわめて少ないのが現実である（五十嵐2005）。このように、本書が対象とするベンチャー企業も量的にはきわめて限定的なものである。

●注
（1）　1996年における店頭市場への新規株式公開企業は110社、会社設立から店頭市場での公開にいたる所要年数の平均は、29年1ヶ月であった（田中1997、59頁）。
（2）　東証マザーズにおける最近の公開実績をみると、平均的には会社設立後8年程度となっている（VEC 2011a、6頁）。
（3）　メディアシークは、会社設立から9ヶ月で上場している。リブセンスの村上太一社長は25歳で東証マザーズに上場しており、2014年3月現在の最年少記録となっている。
（4）　たとえば、森谷・藤川（1997）27-28、174-179頁。本書は、ベンチャー企業「論」と題するわが国初の文献であり、1990年代中頃までに展開された先行研究のレビューを数多く重ね、それらの論理や論拠を総合し、体系化を試みている。
（5）　ベンチャー企業の成長ステージは、「シード」「アーリー」「ミドル」「レイター」に区分される。神座（2005）では、区分に統一した規定があるわけではないが、VCの実務では、たとえば、会社設立後1年未満をシード段階、1年以上3年未満をアーリーステージ、3

年以上 10 年未満をミドル段階、10 年以上をレイターとみなす場合があるとしている。VC のジャフコによる定義では、売り上げのない段階を「スタートアップ」、売り上げはあるが、営業キャッシュフローが赤字の段階を「アーリー」、売上は計上され、営業キャッシュフローが黒字だが、資金繰りは不安定な段階を「ミドル」、売上が計上され、営業キャッシュフローが黒字、資金繰りも安定している段階を「レイター」と定義している。ジャフコでは、スタートアップとアーリーステージの投資が 54％（新規投資社ベース、2012 年度）となっている（神座 2005、26 頁；ジャフコホームページ http://www.jafco.co.jp/）。

(6) ベンチャーという用語についても厳密な使用規定はない。本書では、「ベンチャー企業」を優先的に使用するが、他の文献との整合性を考慮し、文脈によって、「ベンチャー」「ベンチャービジネス」「スタートアップ」を同義で使用することがある。

(7) ①リスクを強調する定義として、松田（2005）、水野監修（1998）、②革新性を強調する定義として、中村（1992）、大滝（1997）、坂本（2011）、③成長を強調する定義として、松田（2005）、水野監修（1998）、坂本（2011）、福田編（2000）、④アントレプレナーを強調する定義として、ティモンズ（1997）、松田（2005）、坂本（2011）などが挙げられる。

(8) これは、会社法の根本的問題点にも起因する。株式会社は、本来、広く資金を集め、その規模拡大を図ろうとする公開会社を前提とした企業形態である。未公開会社であっても、株式会社を選択した以上は、株式公開を目指す存在であることを意味し、生まれながらに、株式公開を視野に入れたベンチャー企業となるはずであった。しかし、昭和 25 年の商法改正の際、株式会社に最低資本金制度が導入されなかったことに起因し、小規模かつ同属的な株式会社が乱立し、こんにちに至っている。結局、わが国の株式会社の多くは、株式会社の株式会社たる由縁を知らぬままに、株式会社形態を利用してきた。したがって、株式会社制度をいくら閉鎖会社向けに改正しても、法と現実の乖離は根本的には埋まらず、戦後の会社法学は、この問題への対応に注力した。上村（2002）、尾崎（2002）、宍戸（2002）、前田（2002）参照。

(9) 執筆者の木谷哲夫、瀧本哲史、麻生川静男、須賀等は、京都大学でベンチャー教育に携わる一方、それぞれが、経営コンサルタント、ベンチャーキャピタリスト、ベンチャー経営陣としてベンチャービジネスに関わってきた豊富な経験をもつ。

第3章
ベンチャービジネスの共通理解

1　ベンチャー企業の意義

　教育や人材育成において、その前提とする対象領域の活動モデルが異なれば、そのモデルにおいて活躍すべき、したがって育成すべき人材像が異なってくる（妹尾2011、201頁）。起業家教育について論じるときにも、どのような起業モデルを前提にするかによって、それを担う起業家像は違ってくるはずである。本書の対象はベンチャー起業家であるため、ベンチャービジネスとはなにか、ベンチャービジネスの意義はどこにあるのかを再確認したうえで、起業一般とベンチャー型起業について、明確に区別することが重要である。

　ベンチャー起業家教育について考えるうえで、まず、ベンチャー企業の意義と影響力を再認識することが必要である

　スイスのビジネススクールIMD（経営開発国際研究所）が毎年発表する各国の国際競争力ランキングによれば、わが国は1993年までは第1位の位置を占めていたが、その後、徐々に低下し、2011年時点のランキングは26位である。もはや日本は国際競争力がある国とは世界からみられていないのが現実である。こうした国際競争力低下の主因として同調査で指摘されているのが、アントレプレナーシップ（起業家精神、59位＝調査対象国で最下位）、柔軟性・順応性（54位）、中小・中堅企業（54位）である[1]。アメリカの『ビジネスウィーク』誌や『ファスト・カンパニー』誌が発表する世界のイノベ

ーション（技術革新）企業のリストをみても、アジアの上位企業は日本企業から中国企業へと変わりつつある。それでは、なぜ、アントレプレナーシップを活発化することが必要なのか。それは、グローバルなレベルで活動する急成長ベンチャー企業が、イノベーションを主導して経済発展のエンジンになることのみならず、膨大な雇用を創出し経済成長に多大な貢献を果たすからである[2]。以下では、ベンチャー企業の意義について、経済発展のエンジン、雇用機会の創出という2つの視点から検討する。

（1）経済発展のエンジン

日本経済が1991年以降のゼロ成長から脱却するには、ベンチャービジネスの活性化が重要である。J・A・シュンペーターは「創造的破壊」こそが、資本主義の駆動力だとし、その担い手は起業家だと説いた。新企業（ベンチャー企業）は、イノベーション（新財貨、新生産方法ないし新輸送方法、新市場、新販路、新組織）を背景に出現し、「創造的破壊」により、経済の進歩をもたらす（シュムペーター1995）。イノベーションとは、物や力を従来とは異なる形で、結合することを指す。すなわち、新結合である。そして、新結合には、つぎの5つの種類がある。すなわち、①まだ消費者に知られていない新しい商品や商品の新しい品質の開発、②未知の生産方法の開発、③従来参加していなかった市場の開拓、④原料ないし半製品の新しい供給源の獲得、⑤新しい組織の実現、である。また、P・F・ドラッカーは、イノベーションの機会を見出す7つの領域を以下のとおりとした。①予期せざるものの存在、②調和せざるものの存在、③必然的に必要なニーズの存在、④産業や市場の構造変化、⑤人口構成変化、⑥認識の変化、⑦新しい知識の獲得、である。このように、ドラッカーは7つの領域を設定し、①〜④は、産業や企業の内部事象、⑤〜⑦は外部事象と位置づけている（ドラッカー1997）。柳孝一は、これを、内部の矛盾、外部の矛盾ととらえ、ベンチャー企業がイノベーションを推進するとき、この矛盾を利用し、活用していると表現することも可能であると指摘している（柳2004）。

このように、イノベーションとは広く革新を意味しており、狭義の技術革

新にとどまるものではない。つまり、イノベーションは、単なるものづくりに関する技術革新ではなく、サービスセクターも含めたあらゆる分野における生産要素のまったく新たな組み合わせである「新結合」を意味するものである。この認識にもとづいてイノベーション創出を目指すべきであり、新しいビジネスを創造する（イノベーション創出）アントレプレナーをより多く輩出することがわが国の課題である。そして、アメリカのイノベーションの事例として、ヒューレットパッカード、最近ではグーグル、フェイスブックなどが、いずれも大学や大学生がその担い手であったことを考えると、わが国においても、大学における起業家教育の可能性を追求すべきである[3]。未曽有の危機や経済の大変動が起きたとき、人々の生活観や価値観が変わる。そういうときこそ、研ぎ澄まされた時代感覚とアントレプレナーシップをもって俊敏に行動する起業家の出番である。起業家は、まさしくイノベーションの担い手であり、経済発展の源泉である非連続的な変化を引き起こす役割を果たしているのである。

　このようなシュンペーターの理論は、こんにち、世界各地において停滞した経済を活性化させるエンジンとしてベンチャー企業に期待する大きな理由になっている。実際に、これを裏づける報告も数多くなされている。たとえば、アナリー・サクセニアンは、アメリカのシリコンバレーとルート128の比較分析を行い、つぎのようなデータを提示している。1965年以降に生まれたハイテク企業の上位100社の3分の1がシリコンバレーに立地している。これらの企業の時価総額は1986年から1990年にかけて250億ドルも増加した。一方、競合するルート128の企業の時価総額は、この間わずか10億ドルしか増えていなかった。そして、1980年代後半以降における2つの地域経済に生じた大きな格差の主要因として、ベンチャー企業の創造と成長を挙げているのである（サクセニアン 2009）。

　また、長谷川博和も指摘するように（長谷川 2010）、『ビジネスウィーク』誌による世界のイノベーション企業のランキング調査によると、イノベーション企業上位25社のうち、1970年以降に創業したベンチャー企業が9社と4割を占めており、そのすべてがアメリカ企業であった。上位25社の国別

図表 3-1 『ビジネスウィーク』誌「イノベーション企業上位 25 社」

順位	企業名	国名	創業年	順位	企業名	国名	創業年
1	Apple	アメリカ	1976	14	Starbucks	アメリカ	1971
2	Google	アメリカ	1998	15	Target	アメリカ	1881
3	Toyota	日本	1937	16	BMW	ドイツ	1916
4	General Electric	アメリカ	1878	17	Samsung	韓国	1938
5	Microsoft	アメリカ	1975	18	Virgin	イギリス	1970
6	Procter & Gamble	アメリカ	1837	19	Intel	アメリカ	1968
7	3M	アメリカ	1902	20	Amazon	アメリカ	1994
8	Walt Disney Co.	アメリカ	1923	21	Boeing	アメリカ	1916
9	IBM	アメリカ	1889	22	Dell	アメリカ	1984
10	Sony	日本	1946	23	Genentech	アメリカ	1976
11	Wal-Mart	アメリカ	1962	24	eBay	アメリカ	1995
12	Honda	日本	1948	25	Cisco System	アメリカ	1984
13	Nokia	フィンランド	1865				

注：網掛けは 1970 年以降設立の企業。
出所：McGregor (2007).

では、18 社がアメリカ企業と 7 割を超える（図表 3-1）。これらの企業は、経済環境に対応しながら急速に変革を進めた企業であり、1970 年代以降設立された比較的若いベンチャー企業がそのうち半分を占めている。一方、わが国では、創業から 60 年以上たった加工組立型産業のトヨタ、ホンダ、ソニーの 3 社がランクインしているにすぎない。とくに、IT やサービスといった第 3 次産業や知識産業のベンチャー企業がない。工業社会から知識社会へ、ハード産業からソフト産業への産業構造の転換が 1980 年代から指摘されてきたが、この転換期に、グローバルに活躍するようなベンチャー企業は、わが国からは出てこなかった。さらにこの傾向が顕著な事例として、アメリカのビジネス誌『ファスト・カンパニー』が選出した「世界のもっとも優れたイノベーション企業（The World's 50 Most Innovative Companies, 2012）」という調査結果がある。この調査の上位 25 社をみると、22 社がアメリカ企業で中国から 2 社、ドイツから 1 社という内訳であり、わが国の企業は選出されなかった。さらに、11 社が 2000 年以降に設立された企業であった（図表 3-2）。今後は、わが国においても、グローバルに活躍するベンチャー企業が輩出されることを期待する。

図表 3-2 『ファスト・カンパニー』誌「イノベーション企業上位 25 社」

順位	企業名	国名	創業年	順位	企業名	国名	創業年
1	Apple	アメリカ	1976	14	Patagonia	アメリカ	1957
2	FaceBook	アメリカ	2004	15	NFL	アメリカ	1920
3	Google	アメリカ	1998	16	National Marrow Donor Program	アメリカ	1986
4	Amazon	アメリカ	1994				
5	Square	アメリカ	2009	17	Greenbox	中国	2010
6	Twitter	アメリカ	2006	18	Jawbone	アメリカ	1999
7	Occupy Movement	アメリカ	2011	19	Airbnb	アメリカ	2008
8	Tencent	中国	1999	20	72andSunny	アメリカ	2004
9	Life Technology	アメリカ	1993	21	Siemens AG	ドイツ	1847
10	SolarCity	アメリカ	2006	22	Dropbox	アメリカ	2008
11	HBO	アメリカ	1972	23	Kiva System	アメリカ	2003
12	Southern New Hampshire University	アメリカ	1932	24	Starbucks	アメリカ	1971
				25	Genentech	アメリカ	1976
13	Tesla Motors	アメリカ	2004				

注：網掛けは 1970 年以降設立の企業。
出所：The World's 50 Most Innovative Companies, 2012（http://www.fastcompany.com/most-innovative-companies/2012/full-list）をもとに筆者作成。

（2）雇用機会の創出

　ベンチャー企業の第二の意義は、第一の意義とも密接に関わるが、雇用機会の創出効果である。サクセニアンによれば、シリコンバレーとルート128の比較分析から、ベンチャー企業の創造が活発であったシリコンバレーでは、1975年から1990年の間に、15万人の新規ハイテク関連の純雇用を生み出した（サクセニアン 2009）。これは、ルート128で生み出された雇用の3倍である。このことは、ベンチャーの創造が明らかに雇用の創出に大きな影響を与えていることを示している。忽那憲治は、1990年代以降に設立されたグーグル、アマゾン・ドット・コム、イーベイなどの新興イノベーション企業は、いずれも1万人以上の従業員を抱える大企業へと短期間に成長し、膨大な雇用の創出に貢献していることを指摘している（忽那 2011）。全米VC協会（NVCA）によれば、1970年以降、VCは毎年、平均820件の新会社に投資を行ってきた。そして、アメリカで毎年、200万件以上ある新規開業のうち、820のベンチャー企業が、巨大な経済的インパクトを及ぼしている。2003年には、VCに支援された企業の雇用者数は1000万人に達し、民間企業全体の

figure 3-3 アメリカにおける VC 支援企業による経済的貢献

	2000 年	2003 年	2008 年	2000〜08 年の成長率
総雇用数（人）	950 万	1010 万	1200 万	2.96%
総売上高（ドル）	1.6 兆	1.8 兆	3.0 兆	8.17%

出所：全米 VC 協会資料（National Venture Capital Association）；長谷川（2010）7 頁。

雇用者数の 9.0% を占めるにいたっている（figure 3-3）。要するに、ベンチャー企業が生み出している破格の価値は、これら一握りの企業によって生み出されたものなのである。

一方、わが国の状況をみると、経済が活況を呈していた 60 年代・70 年代、新規事業は猛烈な勢いで市場に参入していた。しかし経済の成熟化にともない、1980 年代初期から開業率も低下した。さらに、開業率が低下するだけでなく廃業率が上昇し、80 年代中頃からは、廃業率が開業率を上回る逆転現象が生じ、経済成長を支えるエンジンを鈍化させることになった。アメリカのように、廃業率が高くともそれ以上に開業率が高ければ、健全な新陳代謝として、経済の活力の維持、拡大が期待できる。しかし、わが国では、開廃業率の逆転により、雇用の場の減少、それにともなう失業率の増加などが懸念されている。

しかし、市場参入率の急落や、弱い日本経済の新陳代謝にもかかわらず、在日米国商工会議所は、1991 年から 2006 年の期間、新興企業が依然日本の雇用成長の大部分に貢献していたことを明らかにした（在日米国商工会議所 2010）。これによれば、外国企業や日本企業の子会社を除いた独立系企業に限定すると、1996 年以降に設立された「新規参入」の国内企業は、2006 年現在で過去 5 年の間に 121 万人の新規雇用を生み出したが、これは 1996 年以前に設立された全企業で 310 万人の雇用喪失が起きたことと好対照である（figure 3-4）。既存企業と違い、新規開業企業はどの業種においても平均で雇用者数を上げた。また、新規開業企業は、既存企業よりも高い定着率をもっていた。

他方、1995 年以降に設立された、わが国の新規公開企業の 2010 年時点の

第 3 章　ベンチャービジネスの共通理解

図表 3-4　独立起業による 2001-2006 年における雇用純増数

設立時期	純増
1995 年以前	－3,102,648
1996 年-2001 年	＋409,488
2002 年以降	＋795,813

出所：在日米国商工会議所（2010）17 頁。

図表 3-5　1995 年以降に設立された新規公開企業の従業員数上位 10 社

順位	企業名	従業員数（人）（2010 年）
1	NEC エレクトロニクス（現ルネサスエレクトロニクス）	22,071
2	ジュピターテレコム	10,988
3	アウトソーシング	6,675
4	エルピーダメモリ	6,099
5	楽天	5,810
6	ヤフー	4,882
7	PGM ホールディングス	4,715
8	メッセージ	3,207
9	SBI ホールディングス	3,048
10	VSN	2,929

出所：忽那（2011）。

　従業員数上位 10 社をみると、大企業の子会社や合弁会社、外国企業の日本法人が多く含まれるほか、成熟した産業分野に属する企業も多い。また第 10 位の企業でも従業員数は 3000 人程度であり、アメリカと比較して、雇用創出は小規模であることを示している（図表 3-5）。

　このように、わが国の経済的活力は、次世代の起業家を輩出できるか、また、イノベーションによる高い成長性が期待できるベンチャー企業を育てるために必要な知識やスキル、そしてネットワークを起業家に与えられるかにかかっている。それには、起業家教育、ベンチャー起業家を支援する市場主導のエコシステム（生態系）、そして彼らが経済および社会的繁栄のおもな担い手であることを国民が認識する文化を育成することが必要となる。

2　起業のタイプ

　第1章では、起業家教育の盲点について取り上げたが、その最たるものがベンチャー企業についての共通理解の欠如である。ベンチャービジネスに関する共通の理解がなされていないがために、起業家教育においても、混乱が生じている。清成忠男が、「創業一般とベンチャー企業の創業とは区別すべきである」と指摘するように、ベンチャー起業家教育においては、この点を強調しなくてはいけない（清成 2005）。

　本書では、具体的に、以下の分析枠組みを提示する。ベンチャー企業とは、VCが投資対象とする企業のことである。そして、起業のタイプを成長の志向性により、①ベンチャー型起業、②中小企業型起業、③自営業型起業の3タイプに分類する。本書におけるこれらの定義は、以下のとおりである[4]。

　先に示したとおり、①ベンチャー型起業とは、VC投資と雇用がともなうもの、②中小企業型起業とは、VC投資はなく、雇用がともなうもの、③自営業型起業とは、VC投資も雇用もともなわない起業のことである（**図表3-6**）。

（1）ベンチャー型起業

　ベンチャー型起業とは、起業初期の段階でVCからの投資を受け、人材を雇用して急成長を目指す起業のあり方である。わが国でも、ベンチャー企業向けの新興市場が誕生し、短期間で株式公開を実現することが可能となった。新興市場誕生前においては、設立から株式公開まで平均30年近い時間を要したために、アーリーステージでVCから資金調達することは非現実的であり、ここでいうベンチャー型起業という概念は成立しなかった。新興市場の誕生を機に、起業の段階、あるいはアーリーステージにおいてVC投資を受け、優秀な人材を雇用して急成長を目指す手法が生まれたわけである。ベンチャー型起業とは、わが国においては新しい起業のスタイルなのである。

　ジェフリー・A・ティモンズは、このタイプの企業を、例外的なベンチャーとしながらも、「潜在能力の高いベンチャー」と呼んでいる。相当額のキ

図表3-6　起業のタイプ

	ベンチャー型起業	中小企業型起業	自営業型起業
VC投資	○	×	×
雇用	○	○	×

出所：筆者作成。

ャピタルゲインを獲得できる潜在能力をもち、売上高が50万ドルから100万ドル以上で、最低でも10％の成長を遂げる企業がイメージされている。また潜在能力の高いベンチャーの特徴をつぎのように要約している（ティモンズ1994）。

- マネジメント　　中核となる人材を確保することができる。
- ベンチャー戦略　　非常に高い利益率、より優れた品質、起業機会への素早い対応、規制緩和、市場革新、ニッチ戦略、有利な取引形態などの条件を最大限に利用した市場参入、売上比率に対して高いマーケティング経費、重要な仕入先とのより幅広い経験、ビジネスプランの変更が最小限であること。
- マーケット　　急成長市場であり、高いマーケットシェアが獲得可能であること。

（2）中小企業型起業

　中小企業型起業とは、VCからの投資を受けないものの、人材は雇用して成長を目指す起業のあり方である。資金調達は、銀行などからの融資によって行われる。新興市場誕生前はもちろんのこと、新興市場が存在する現在においても、わが国においては一般的な起業のスタイルである。資金調達は、日本政策金融公庫の創業融資、信用保証協会による保証付きの銀行融資が中心となる。さらに、代表者も個人による連帯保証を求められ、融資金額によっては、代表者個人の自宅などを担保に差し出すケースも珍しくない。起業の初期の段階では、とくに経営は安定しないものであるが、資金繰りが悪化しても、返済は継続しなくてはいけない。返済が不能になると、代表が連帯

保証人になっているために、債務は個人に引き継がれ再起は困難になる。このような状況もあり、中小企業の経営は安定を求める必要があり、リスクの高い新規事業に挑戦することは困難である。事業に失敗した際のリスクは、起業家個人に引き継がれるため、起業家個人としてのリスクはベンチャー型起業に比べて高いと考えられる。かくして、中小企業型の起業を選択した場合においては、安定志向の経営に重きがおかれ、イノベーションにもとづいて急成長するベンチャー企業になることは難しい。時間をかけて着実に成長し、株式公開を目指すにしても、30年というスパンで考えていく必要がある。

　金井一頼と角田隆太郎は、「ベンチャー企業と中小企業を区別する大きなポイントは、アントレプレナーシップに基づく革新性にある」としているが（金井・角田2003、4頁）、これは、資金調達の方法と密接に関連している。榊原清則らは、「ベンチャー企業」と「通常の中小企業」の比較・検討を行っており、比較構成要素として、「高い志」「挑戦」「実現」「社会性」といった抽象的な項目を挙げて比較している（榊原・前田・小倉2002）。ただこれらの先行研究に欠落している点は、資金調達先について重要視していない点である。VCからのリスクマネーがあるからこそ、アントレプレナーシップを発揮できるのである。これまでわが国においては、VCが未整備かつ短期間で公開しやすい株式上場マーケットがなかったために、新事業の創造をファイナンスと分離して「ベンチャービジネス」と定義せざるをえず、資金源を限定しなかった結果、このような抽象的な議論になっていたものと考えられる。

（3）自営業型起業

　ジェフリー・A・ティモンズは、自営業型起業について、つぎのように述べている。毎年開業する「ベンチャー」の大多数は、自分のライフスタイルのためには収入を犠牲にすることをいとわない、従業員1～2名の従来型の零細事業である。ティモンズはこれを「パパママ・ベンチャー」、「限界的企業」、あるいは「生業ベンチャー」と呼んでいる。しかし、アントレプレナーシップの定義には価値の創造と分配の概念が含まれなければならないので、「生業ベンチャー」はアントレプレナーシップではないとしている（ティモン

ズ 1994、18-19 頁)。

　一方、スコット・A・シェーンは、アメリカの企業実態に関する興味深い研究を発表している。アメリカの起業家の典型は、自営業型であり、「誰かの下で働きたくないから自分でビジネスを始め、高成長の会社を創りだすというよりは、普通に日々のやりくりをしようとしているだけである」ことを各種統計から説明した(シェーン 2011、105-106 頁)。これは、アメリカにおける起業、あるいは、起業家に対して抱くイメージ(＝神話)と現実とのギャップについて綿密に検討し、その起業の実態について明らかにしたものである。偶像を破壊するような筆致で論証されているが、その内容を以下に示す。

　シェーンによれば、典型的なスタートアップ企業は、典型的な起業家と同じくらい、ぱっとしない。それは、1人の人間(つまり創業者自身)を雇用するだけの、自宅をオフィスにした個人事業であり、革新的ではなく、成長しようとする意志も見込みもない。典型的な新たなビジネスに必要なスタートアップ資金は2万5000ドル程度で十分であり、その資金は、創業者の貯金に、創業者が保証した銀行からの融資を加えて調達される。また、起業というものは、多くの人が人生のなかで経験するごく平凡な活動にすぎず、典型的な起業家は、偉大な会社や巨大な富を築く心理的な力を秘めた特殊な人間などではない。失業したり、仕事がころころ変わったり、稼ぎが以前よりも減ったりしたら、人は起業しようとする。また、平均的な新しいビジネスは、ありきたりの産業で開始される。そこでは、多くの会社が倒産し、利益はわずかである。典型的なスタートアップ企業の創業者は、新しいビジネスのアイデアを思いつく時間などほとんどなく、彼の以前の雇用主が顧客に提供していたのと同じ製品やサービスを提供する傾向にある。そして、典型的な起業家の物語は、無益なものである。ある国や地域で、より多くのスタートアップ企業が生み出されることは、高い経済成長をもたらすことにはつながらない。さらに、スタートアップ企業は、ほとんどの人が思っているほどには、雇用を創出しないし、スタートアップ企業が創出した雇用の質は、既存企業の雇用の質ほどはよくはないことをシェーンは論証している。この点に関しては、中小企業型の起業にも当てはまるものと考えられる。

起業に対して、多くの人が見逃していると思われる留意点は、新しい会社の設立それ自体が問題だというわけではないということである。むしろ、きわめて高い潜在可能性を有するわずかな会社の設立が、経済の成長、雇用、富の創造のほとんどを生み出しているのであるとして、シェーンはベンチャー型起業を中小企業型や自営業型とは明確に区別している。
　シェーンは、ベンチャー研究においても喧伝される「起業家像」を冷静にみつめなおす視点を提供するのみならず、アメリカの起業文化のイメージに対して再考を迫っている（シェーン2011、13-26頁）。わが国では、創業に関する規制が大幅に緩和され、株式会社は資本金1円から設立でき、取締役も1名でよく、簡単に株式会社を設立でき、株式会社の社長を名乗ることができるため、実態は個人事業主と変わらないケースも少なくない。しかし、自営業型の起業においても、起業という行為自体には大きな決断がいるものであるし、夢や希望をもって事業をはじめる起業家が大半であろう。なかには、いずれは株式公開を夢見る自営業者も存在する。しかし、シェーンの「自営業型の起業は大きく成長しない」という指摘は、ベンチャー起業家教育においても大きな示唆を与えるものである。

3　ベンチャー型起業を選択する理由

　本書が焦点をあわせるのはベンチャー型起業である。起業家教育においても、ベンチャー型起業のための教育について検討していく。
　ここまでベンチャー企業の意義について検討してきたが、急成長イノベーション企業を生み出すことは、経済成長のエンジンという視点からも、雇用創出という視点からも、わが国の喫緊の検討課題といえる。しかし、忽那憲治が指摘するように、これまでの「小さく産んでゆっくりと大きく育てる」という姿勢では限界がある。「大きく産んで急いで大きく育てる」という姿勢に転換する必要がある（忽那2011）。
　ここでいう「小さく産んで」とは、中小企業型起業のことである。創業者の自己資金で事業を立ち上げ、事業がある程度順調にキャッシュフロー（現

金収支）を生むようになると銀行借入を利用し、外部株主資本は基本的に利用せず、内部留保資金で地道に企業成長を達成するというのが、中小企業型起業の姿勢である。逆に、「大きく産んで」とは、ベンチャー型起業のことである。創業時から大規模な外部株主資本をVCなどから導入し、創業から成長初期段階において、グローバルな競争環境で圧倒的なポジションを築くように模索するというのがベンチャー型起業の姿勢である。

わが国において、また、アメリカにおいてさえも、前者の姿勢をとる起業家が大半である。しかし、グローバルなイノベーション企業へと短期間で急成長を遂げた企業の多くは、後者の姿勢をとっている。たとえば、グーグルの場合、1998年にビジネスエンジェルなどの出資を受けて100万ドルの資本で創業し、1999年には2500万ドルの出資をクライナー・パーキンス・コーフィールド＆バイヤーズとセコイア・キャピタルというアメリカを代表するVC2社から受けている[5]。フェイスブックの場合も、創業後すぐの2005年に有力VCのアクセル・パートナーズから1270万ドル、2006年にはプレミア・ベンチャーズ、グレイロック・パートナーズなどから2750万ドルを調達している。その後も、2007年にマイクロソフトから2億4000万ドル、2010年には金融大手のゴールドマン・サックスから4億5000万ドルの出資を受けるなど、外部投資家から多額の資金を調達している[6]。短期間での急成長を実現するために、両社が成長初期段階で外部投資家からいかに多額の資金を調達したのかが理解できる。

起業家が仮に事業機会を適切に認識したとしても、グローバルな競争で生き残れるイノベーション企業に転身できるかどうかは、創業3年から5年程度で決まる。このきわめて重要な期間を創業者の自己資金と銀行借入に依存して成長を模索するのでは限界がある。地道な成長では、グローバルな急成長イノベーション企業のスピードについていくことはできない（忽那2011）。

わが国のスタートアップ企業がこうした姿勢に転換するためにはいくつかの課題がある。

第一に、起業の段階で起業のタイプを選択する必要がある。そのためには、エクイティファイナンス（新株発行をともなう資金調達）を利用するための知

識を起業家が習得する必要がある。エクイティファイナンスの提供者はVCに代表されるプロの投資家である。外部投資家からの資金調達にあたっては、ビジネスプランが重要であり、その詳細や要諦について熟知する必要があるし、ベンチャーファイナンスの全体像についても理解しておく必要がある。ファイナンスの知識が欠如していては、投資のプロと対等に渡りあえない。ここで重要なことは、外部投資家を導入することはリスクが高いので自己資金や銀行借り入れを利用しながら地道に成長しようと、リスク回避的になることではない。ベンチャー型起業は、起業家個人にとって、必ずしもハイリスクではない。そもそも、ベンチャー企業がハイリスクであるというのは、投資家からの視点である。VCからの資金調達が前提となるため、起業家個人のリスクは小さい。一方、中小企業型起業や自営業型起業を選択した場合、銀行借入にともなう個人保証をすることで、企業が倒産した際に、個人まで再起が困難になる。これをもって、起業に失敗すると再起ができないとされ、ベンチャー型起業は危険な賭けであるとの誤解が広く一般に浸透している。これは、ベンチャー起業家教育において改善すべき重要なポイントであり、教育によって解決できる問題である。少なくとも、若い起業家の知識不足による五里霧中の試行錯誤を未然に防ぐことができる。

　第二に、短期間で急成長を実現しようと思えば、ベンチャー起業家は、ベンチャー起業をとりまく外部環境やベンチャー企業を育成する機能について理解しておく必要がある。たとえば、VCの機能は、ファイナンスだけにあるのではない。投資先企業に多額のリスク資金を提供し、企業が順調に成長するように監視するとともに、経営にも深く関与し価値を付与していく。ベンチャーキャピタリストの役割が世界的に注目される理由の1つが、この価値付与を可能とする彼らの能力、専門性、ネットワークである。

　同時に、外部環境の整備は、わが国におけるベンチャー企業育成の大きな課題でもある。そのためには外部環境をエコシステムととらえて、その基盤をなす政策、投資、人材の3つの側面を強化し機能するように構築していく必要がある。とくに、日本のVCは、グローバルなイノベーション企業の創出という視点からすれば、ベンチャーキャピタリストの投資先企業に対する

価値付与はまだまだ不十分であり、能力向上が欠かせない。

　このように、起業段階において、ベンチャー型起業を選択することは、大きく成長するための重要な意味をもつ。どのタイプの起業を志向するかによって、その後の経営のあり方は大きく変わってくる。ベンチャー起業家を志す若者は、一定数存在する。ベンチャー型起業に対する知識習得、支援や環境次第では、ベンチャー企業経営者になりえたと思われる起業家が、知識の欠如によって中小企業型、あるいは、自営業型にとどまってしまうことは避けなくてはいけない。ベンチャー起業家を志す者の可能性を潰してはいけない。

●注
(1) "The Entrepreneurial Advantage of World Cities: Evidence from Global Entrepreneurship Monitor Data", IMD World Competitiveness Yearbook 2011 (http://www.imd.ch/research/publications/wcy/index.cfm).
(2) 金井一頼・角田隆太郎らは、ベンチャー企業の意義として、経済発展のエンジン、雇用機会の創造、社会問題の解決、自己実現の機会を挙げている（金井・角田編2003、15-20頁）。長谷川博和は、イノベーションの創出、雇用の創出をベンチャー企業が果たす社会的役割として挙げている（長谷川2010、4-9頁）。
(3) 東京大学産学連携本部の事業推進部長を務める各務茂夫は、ベンチャーを支援・育成する現場最前線にいて、大学発ベンチャーが、わが国のイノベーション創造の担い手として、その期待に目にみえる形で応えているという実感を社会がもつまでに多くの時間を要さないと考えている、と述べている。さらに、VEC（ベンチャーエンタープライズセンター）の講演会にてアメリカでできたことが日本でできない理由はないことを強調した（「イノベーションの本質とエコシステム」2012年4月27日、於：新丸ビル：各務2011、126頁）。
(4) 先行研究においても、起業のタイプについて分析されている。GEMは、新興国や発展途上国の起業活動率が先進国よりも高い理由として、雇用を吸収する企業や組織が少なく、自分自身で生計を立てざるをえないことが考えられるとし、「事業の機会を追求するために起業するタイプ（事業機会型起業家）」と「起業以外に選択肢がなく、必要に迫られて起業するタイプ（生計確立型起業家）」に区分している（GEM 2007）。ジェフリー・A・ティモンズは、「生業ベンチャー」「創業者ベンチャー」「優良中小企業」「潜在能力の高いベンチャー」の4つに分類している（ティモンズ1994）。株式会社インテリジェントトラストは、大学発ベンチャーの報告書において、「高成長型」「中堅・中小企業型」「生業・個人

事業型」に分類している（株式会社日本インテリジェントトラスト 2007、10 頁）。
（5）　グーグルの資金調達については、レヴィ（2011）に詳しい。
（6）　フェイスブックの資金調達については、カークパトリック（2011）に詳しい。

第4章
ベンチャー起業家教育とファイナンス

1　ベンチャーファイナンス教育の必要性

　ベンチャー型起業において、ベンチャーファイナンスの現状認識は重要であり、起業家教育においても重点的に指導すべき項目である。
　神座保彦も指摘するように、日本の VC は、新興市場の誕生を受けて、その前後で、大きく投資行動が変わっている（神座 2005）。つまり、この時期を境に、投資対象をシード／アーリーステージの企業としての体をなしていない段階のベンチャー企業へと拡大し、旧来の日本の VC のイメージであったレイターステージ中心の投資から舵を切り替えたのである。しかし、このようなベンチャービジネスの現場で起きている環境変化や、ベンチャー投資の現実に、起業家教育は十分に対応できているのであろうか。少なくとも、この現状をふまえた研究蓄積や起業家教育の教科書は非常に少ない。
　これまでの、ベンチャーファイナンスの研究においては、「日本の VC は先進国であるアメリカに比べて遅れている」という定型的なパターンで処理されがちであった。進むべき方向性についても、アメリカに追いつき追い越せといったトーンの話にどうしても帰着しがちだった（神座 2005、ⅰ頁）。事実、投資の規模や投資先ベンチャー企業の経営支援といった側面においては、アメリカの VC に比べて日本の VC は、いまだ発展途上にあると思われる。
　しかし、「新興市場の誕生により日本の VC は変わった」という基本的な視点に立ち、従来の定型パターンの判断にはあてはまらない日本の VC の実

像を理解し、ベンチャー起業家教育に反映させる必要がある。

2　ベンチャーファイナンスの現状

（1）新興市場誕生前の定説

　日本の VC の投資形態は、公開の目処が立ったレイターステージにあるベンチャー企業に投資し、経営には消極的にしか関与せず（ハンズオフ）を行い、比較的短期間で資金を回収するというものであった。一方、アメリカの VC の投資形態は、シード／アーリーステージにあるベンチャー企業に対し、ハイリスク・ハイリターンの投資を行い、少数精鋭の独立の専門家部隊がハンズオン（積極的経営支援）を実施する。これが定説であった（森谷・藤川 1997、135 頁；通商産業省中小企業庁振興課 1997、211 頁）。このようななかで、会社設立から株式公開までの期間が長すぎることも課題として挙げられ（堀内 1997、33 頁）、公開基準の緩和の流れもみられた。歴史的には、1983 年に店頭市場の株式公開基準が緩和され、規制緩和への流れがスタートした。ただし、規制緩和後であっても、店頭市場（ジャスダック）での新規公開企業は、会社設立後 30 年経過しているのが普通だった。VC の運用する投資事業組合ファンドの償還期限が通常 10 年あまりであることを考えれば、アーリーステージの投資はファンドの運用期間中には資金回収できる見通しが立たず、したがって投資は難しい状況が続いた。

　このような状況は、東証マザーズ（1999 年 11 月創設）やナスダック・ジャパン（2000 年 6 月創設。現ジャスダック）といった新興市場が整備されるまで続くこととなった。東証マザーズにおける最近の公開実績をみると、平均的には会社設立後 8 年程度となっている（VEC 2011a、6 頁）。このくらいの期間であれば、VC がアーリーステージで投資をしても、ファンドの運用期限内に回収できる見通しが立つため、アーリーステージにおける投資が検討されるようになった。

第4章 ベンチャー起業家教育とファイナンス

図表 4-1 新規 VC 投資先企業の設立経過年数

(社数:社、金額:百万)

	社数	構成比	金額	構成比	1社当たり金額
設立投資	31	1.9%	1,259	1.3%	40.6
設立後～5年未満	867	53.1%	46,674	48.5%	53.8
5年以上～10年未満	269	16.5%	14,055	14.6%	52.2
10年以上～15年未満	143	8.8%	6,913	7.2%	48.3
15年以上	309	18.9%	18,496	19.2%	59.9
分類不可能	10	0.6%	821	0.9%	82.1
合計	1,633	100.0%	96,217	100.0%	54
N：サンプル社数	N＝88		N＝89		N＝88

出所：VEC（2004）11頁。

（2）投資ステージの変化

　わが国のVCの、2000年以降の投資状況をみてみよう。たとえば、VEC（ベンチャーエンタープライズセンター）の「平成16年度VC等投資動向調査」によると、「設立投資」と「設立後から5年未満」の企業への投資を合算すると、社数ベース、金額ベースともに5割を占めている（**図表4-1**）。これは、レイターステージの投資が主流という日本のVCの一般的なイメージとは異なり、むしろ2000年以降はシード／アーリーステージの投資が活発に行われていることを意味している。業種別にみてみると投資額の5割が、IT関連となっている。2000年以降に誕生した独立系VCの場合は、当初からIT関連のベンチャーに絞った投資を標榜しているものが多い。このように、わが国のVCは、環境の変化にあわせて、投資戦略を変えてきている。わが国のVCがアーリーステージのベンチャー投資にシフトしたこんにち、高リスクを軽減し、高い投資リターンを得るためにも、投資先企業の社外役員として、その企業の経営に直接関与する取り組みが十分になされる必要があり、アメリカのようなハンズオン型のVCが増加していくことが求められる。一方、このようなVCが増加していることも事実であるが、同時に、経営に関与しベンチャー企業を育成できる能力をもつベンチャーキャピタリストの養成もまた急務である（松田監修2000、148-151頁）。

3　資金提供者の検討

（1）VCとエンジェル
① VC

　VCの基本的な定義は、「株式を公開していない段階にある有望なベンチャー企業、または起業家を発掘し、事業成長のための資金を供給し、投資先ベンチャー企業の経営支援を行って株式公開を促進し、公開後に市場で株式を売却して資金回収を図る投資会社」（神座2005、2頁）である。また、投資に際しては、VCの自己資金を原資とするだけでなく、外部の投資家の資金を集めてファンドを組成し、その資金をもってベンチャー企業への投資活動を行うかたちが一般的であることから、「外部資金の運用受託機関」としての側面も重要性を増している。VCは資金を株式の取得によって提供し、株主の立場から投資先のベンチャー企業に対する経営支援を行う。これが、VCの一般的な行動様式である。

　VCは株主であるため、投資先であるベンチャー企業が成長して株式公開を果たす、あるいは、企業価値が高まった段階でM&A（合併・買収）が実現するといったことがなければ投資資金の回収に成功しないことから、VCとベンチャー企業は運命共同体ともいえる。したがって、VCにはベンチャー企業の成長を積極的に支援する動機づけが必然的に存在する。また、ベンチャー企業の成長にはVCの高い経営支援能力が必要とされるが、この点では、日本のVCはまだ積極的な経営支援の歴史が浅く、今後の能力拡充が課題となっている（神座2005、2-4頁）。

② エンジェル

　エンジェルとは、個人の私財をベンチャー企業に出資し、経営支援も行う個人投資家のことを指す。専門家としてのネットワークをもち、単に出資するだけでなく事業を軌道に乗せるためのアドバイス機能ももつ。シリコンバレーにみられるように、自らもベンチャー企業を立ち上げて成功した経験者

が後進の起業家を支援するために、事業の成功で得た資金や起業のスキルを活用するケースがその典型といえる。

アメリカでは、エンジェルは VC の 40 倍ほどの数のベンチャー企業に投資しており、年間に 200 億から 300 億ドルの資金を供給している。これは、VC の投資に匹敵する規模である（Osnabrugge and Robinson 2000）。そして、VC にとっては未熟すぎて投資できないようなシードやアーリーステージのベンチャー企業も投資対象とし、投資金額も少額であることが多い（バイグレイブ／ザカラキス 2009、543 頁）。平均的な投資額は、2 万 5000 ドルほどである（Freear, Sohl and Wetzei 1996, pp. 109-123）。

一方、わが国におけるエンジェルの活動は、統計も少なく実態がとらえにくい。代表的なエンジェルネットワークである日本エンジェルフォーラムの正会員は 140 名で、1 人当たり 100 万円から 200 万円の範囲で投資をする人が大半であるという。わが国の場合、取引先や知人への経営支援という意味での融資、投資は多く実施されている。国民生活金融公庫によると、起業活動を支援したことのある既存の中小企業経営者の割合は 23.0％、これまでに支援を行った相手が 1 企業の割合は 24.9％で、支援者の 75％は複数の企業を支援していた。支援対象としては、友人が 26.4％ともっとも多く、ついで自分の会社の元役員・元従業員が 18.3％、取引先の元役員・元従業員が 13.0％となっている[1]。このようにアメリカに比べると、わが国のエンジェル活動はまだまだ不十分である。

日本の中小企業数は約 508 万社であり、その数だけ中小企業経営者が存在する。そのうちの 4 人に 1 人が起業活動を支援するとするならば、彼らが起業活動の円滑化に果たしている役割はきわめて大きく、エンジェル税制の拡充などを通して、さらにその活動を広げていく必要がある（松田監修 2012、74-75 頁）。

（2）VC とエンジェルの比較

アーリーステージのベンチャー企業への投資家として、VC とエンジェルの特徴について比較しておく。すでに述べたように、エンジェルは、VC が

投資する以前のベンチャー企業に投資することが多い。エンジェルは、成功体験をもつ起業家である場合が多く、自分自身の経験からベンチャー投資がハイリスクであり、また、回収までの期間がかなり読みにくいということを十分承知している。資金の源泉が個人の得たキャピタルゲインということであれば、エンジェルは必ずしも早急な資金回収を必要とせず、極端な場合には回収は二の次と考えることさえあるので、出資を受ける側のベンチャー企業にとっては、まさに天使のような存在である。その一方で、個人からの出資を考える際に、その個人が暴力団などの反社会的勢力と関係があるかどうかについて注意を払わなくてはいけない。昨今、反社会的勢力の資金が、ベンチャー企業に流入しているといわれており、こうした勢力が株主となれば、つぎの段階におけるVCからの投資も不可能になる。むろん、IPO（新規株式公開）も不可能である[2]。個人やオーナー会社から資金を調達する場合には、この点を厳重に調査する必要があり、いくらお金に窮している場合でも、反社会的勢力の資金は致命傷となることを肝に銘じなくてはいけない。

　一方、VCは、自己資金を投下するだけでなく、ファンドを組成して集めた社外のファンド出資者からの資金も投下する。一般的には、後者のほうが大勢を占める。したがって、VCにはファンド出資者の利益を最大化する努力が求められるうえ、ファンドの運用期間が通常10年あまりであることから、ファンドの償還期限までには投資資金を回収し、十分なリターンを確保して出資者へ資金を償還しなければならない。そのため、VCがベンチャー企業に経営支援を行う点についてはエンジェルと大差ないとしても、投下すべき資金の性格が異なるため、出資者の資金の運用効率をまず考えなければならない。そうなると、資金回収の目処が立ちにくい個人創業段階の投資については意思決定が難しく、仮に投資した場合は、資金回収への執着はエンジェルより強くならざるをえない。

　その意味で、VCには特定期間内に株式公開を果たさせようとする動機づけが強く働く。また、VCは事業の進展が芳しくなくても、期限内の資金回収努力が必要であることから、M&Aや別の投資家への株式売却といった資金回収の手段も視野に入れている。このように、アーリーステージの資金提

供者によって性格が異なることを理解しておく必要がある。

（3）ベンチャー型起業のファイナンスの本質

　ベンチャー型起業のファイナンスの本質は、投資家は支援者であり運命共同体であるということである。急成長を志向するベンチャー企業は、事業拡大のために資金需要も旺盛である一方、多くの場合、自社内に十分な資金がないため、資金調達に頼らざるをえない。少額での起業が増加しているとはいえ、成長のためには、つぎなる資金調達が必要になるからだ。

　資金調達は、「融資」と「投資」に大別される。融資による調達とは、銀行などの金融機関からの借り入れのことであり、いわゆる「間接金融」の形態をいう。一方、投資による調達とは、VCやエンジェルなどからの出資のことであり、「直接金融」の形態を指す。VCは、投資のかたちでベンチャー企業の資金需要に応えるため、投資後は株主となる。

　同じ資金調達でも、この「融資」と「投資」の概念は大きく異なり、資金の出し手とベンチャー企業の関係は大きく変わってくる。融資であれば、銀行などが債権者となり、ベンチャー企業は債務者となる。したがって、ベンチャー企業は資金繰りが悪化したとしても、返済の義務があり、返済が遅れた場合は、銀行は資金回収を急ぐ行動に出る。一方、投資を行うVCは、株主であり、ベンチャー企業の利益は株主であるVCの利益でもあるので、運命共同体の色彩を帯びてくる。企業経営が苦しいときは、両者が力をあわせて切り抜けようと努力する。ただし、この運命共同体意識もベンチャー企業がイグジット（出口：exit）を果たす時点までであり、この段階に達すればVCは株式を売却してベンチャー企業との関係は精算される。

　株主であるVCの目的は、投資資金を大幅に上回るキャピタルゲインで利益を得ることである。未公開の段階で株式を取得するVCは、イグジットを果たすまでの間、株式市場で株式を売却することは不可能である。したがって、キャピタルゲインで投資資金を回収することが目的のVCは、回収に関わる不確実性を軽減するために、ベンチャー企業の経営支援を行うパートナー的な位置づけで株式公開の確率を高めるべく努力をする。したがって、ベ

ンチャー企業がVCに対して期待するのは資金だけでなく、共同経営者としての機能も含まれるのである（神座2005、32-33頁）。同時に、VCも共同経営者としての認識を強くもって、投資活動を行う必要があり、両社は運命共同体といえる。ベンチャー起業のファイナンスの本質はここにあることを、ベンチャー起業家も強く認識することが重要である。

4　アーリーステージ投資の事例

（1）シードアクセラレーターの台頭

　近年の新しい動向として、アメリカでは、設立直後のベンチャー企業に数百万円規模の少額資金を提供する新型のVCが台頭している。新型VCは、ネットワーク経由でソフトやサービスを利用するクラウドコンピューティングの普及で、「低コストかつ短期間」で起業することが可能になったため、こうした経営者に少額の成長資金を投資すると同時に、オフィスなどを提供し、既存のVCから追加出資を受けられる段階まで育てる。

　この新型VCは、「シードアクセラレーター」と呼ばれており、起業家の裾野を広げている[3]。インターネット検索最大手のグーグルやアップルなどのアメリカの有力IT企業を育てた伝統的なVCは、数億円規模の投資が一般的だが、新型VCは投資規模が小さい。新型VCは公募などで投資先を選んで資金を提供し、3ヶ月から6ヶ月にわたって集中的に技術や経営に関する助言などを与えるのが特徴である。

　この分野の草分けであるYコンビネーターは、設立間もないベンチャー企業に最大2万ドルの少額を出資し、製品開発や資金調達などさまざまな側面から経営を支援している。また、Demo Dayというイベントを年に2回開催し、Yコンビネーターから出資を受けた企業が、VCや投資家に対して2分間の制限時間内でつぎなる資金調達に向けたプレゼンテーションを行う場を提供している。Yコンビネーターへの応募者は、年齢が若く、人的ネットワークも起業費用もない起業家が大半である（『日経ビジネス』2011年9月19日号、18頁）。Yコンビネーターでは、支援先のソフト関連企業がクラウド大

手のセールスフォース・ドットコムに2億ドル強で買収されるなど、成功事例が増加している。フェイスブックなどへの出資で有名な有力VCデジタル・スカイ・テクノロジーズの創業者らがYコンビネーターの支援先に一律15万ドルを投資する基金を立ち上げるなど、ベンチャー型起業の活性化における起爆剤となっている。また、同様のケースとして、アメリカの電子決済大手ペイパル出身のデーブ・マクルーア氏は、2010年夏にエンジェルファンドの「500スタートアップス」を設立した。ベンチャー企業に1社平均7万5000ドルを投資し、2年間で300社ほどに投資を行っており、わが国のベンチャー企業にも投資を行っている(『日本経済新聞』電子版2012年6月16日)。

　一方、近年わが国においても、シードアクセラレーターの動向が注目されている。インターネット関連の有望なベンチャー企業への投資などを通じ、日本発のサービスや技術を世界市場に送り出す支援ビジネスが拡大している。ソーシャルメディアやスマートフォンの世界的な普及で、サービスを国内だけでなく世界に同時配信できることが大きく、また、少額投資が可能なことや資金回収までの時間が短いことなどでリスク分散できることもその背景にある。シードアクセラレーターは、若者を対象としたスタートアップセミナー、ビジネスプラン・コンテスト、教育プログラムなど、各種イベントを年間を通して開催し、同時に、インキュベーションオフィスを設置し、支援や出資をするといった点に特徴がある[4]。こうした若者の起業を支援するプログラムを展開するモデルは、Yコンビネーターなどのアメリカの新しい動向を強く意識したものである。

　また、大手企業連合によるベンチャー育成ファンド設立も活発化している。2011年に発足したBダッシュベンチャーズが運用を行う「B Dash Fund 1号投資事業有限責任組合」は日本を代表するインターネット企業や金融機関などが出資し、「次世代を担う有力インターネット企業の輩出」を目的に、インターネット業界の有望なベンチャー企業への投資を行っている。創業1年未満のネット企業を対象に、1社1000万円前後を投資する[5]。

（2）わが国のシードアクセラレーターの事例
① モビーダジャパン
　モビーダジャパンは、孫泰蔵氏によって、2009年に設立されたシードアクセラレーターである。日本やアジアでのネットベンチャー育成事業で、2014年末までに250社への出資・支援を目指している。投資先は世界的に利用者が伸びているオンラインゲームや交流サイト（SNS）関連サービスに絞り、設立初期から世界での事業展開を促進している。投資額は1社当たり最大500万円と少額に抑え、投資先を多くすることでリスクを分散させる。インターネット経由でソフトを利用するクラウドコンピューティングの普及などで、起業の初期コストは大幅に低下している。加えて、スマートフォンでは多くの企業がソフト開発に参加できるグーグルの基本ソフト「アンドロイド」を採用した機種が増えていることなどから、日本のネットベンチャー企業にも世界で競争できるチャンスが出てきており、世界に通用するベンチャー起業の輩出を目指している[6]。

② サムライインキュベート
　サムライインキュベートは、榊原健太郎氏が2008年に設立し、起業家のスタートアップ支援を行っている。同社には、起業相談が月間60人ほどからあり、大学生がそのうち5割を占めている。「サムライファンド（第1号〜4号）」という合計5億4350万円のファンドをもち、会社設立時に1社当たり500万円を投資している。2013年7月現在、投資先は60社となっており、2016年までには500社のベンチャー企業への投資を目標にしている。投資基準は3つあり、第一に、同社が投資した起業家からの紹介が必要なこと、第二に、対象事業が5年後の世の中を変えるサービスであること、第三に、「サムライ魂を持っている起業家＝約束を守れる起業家」であること、である。榊原氏は、投資先のベンチャー企業の社外取締役に就任して、事業収益化の支援を行い、週1回の経営会議による法務、労務、マーケティングや営業、人事の支援、さらにはオフィスの提供まで、さまざまな支援を行っている。
　同社のプレスリリースによると、1号ファンド、2号ファンドからの出資

19社のうち11社が、つぎのラウンドでVCから資金調達を受けており[7]、シードアクセラレーターとしての成果をあげている[8]。

③ ネットエイジ

　ネットエイジは、代表の西川潔氏が起業家を支援するインキュベーターとして1998年に設立され、そののち社名変更や業態転換といった経緯をふむなか、同氏がグループ会社から旧ネットエイジを分離させ、「新生ネットエイジ」として2011年2月に再スタートした[9]。西川氏は、「渋谷ビットバレー構想」を提唱した、ベンチャー業界の第一人者である。創立時の原点に戻り、インキュベーターとして、起業家のスタートアップを支援している。2012年9月現在、10社の支援を行い、具体的には、投資やオフィスの提供、起業に関する諸々のアドバイスなどを行っている。一般的なVCのようにファンドは組成せず、自己資金での投資を行うところが同社の特徴の1つである。起業家に対する第一段階の投資額は300万円から500万円ほどであり、その先は、エンジェルやアーリーステージに出資するVCの協力を仰ぎ、第二段階で約3000万～7000万円の増資をして、ベンチャー企業がイグジットを果たすまで支援していくと説明している。また、投資家に引き合わせ、増資を成功させるのも重要な仕事としてとらえている[10]。

④ サイバーエージェント・ベンチャーズ

　わが国を代表するインターネット関連の上場ベンチャー企業が、事業ノウハウを活かして、次世代のベンチャー企業を支援する動きも注目される[11]。サイバーエージェント・ベンチャーズは、サイバーエージェントの子会社で、インターネットとモバイル領域に特化したシードアクセラレーターである[12]。サイバーエージェントグループは、これまで、M&Aに頼ることなく、ゼロから多数の事業を立ち上げてきた。そんななかでつちかってきた事業ノウハウを、積極的に起業家に提供し、とくに失敗経験をあえて共有することで、成功までの道筋を早期に構築するためのサポートができる点が特徴であるとして、金融機関型VCの支援手法との違いを強調している。また、同社は創

業まもないスタートアップに投資をするケースがほとんどであるため、スピード感のある事業の立ち上げ、および中長期での成長シナリオを描くサポートをしっかりと行い、スタートアップの十分な資金調達を実現させることに力を入れている。事業のポイントをしっかりとらえたハンズオン型支援で、世界を変えられるような事業を起業家と共に創っていくことを標榜している。

　また、同社は、海外にも強いネットワークがあり、アジアの拠点を中国、台湾、ベトナム、インドネシアに、情報収集拠点をサンフランシスコにおいている。国内の戦略拠点としては、「STARTUP Base Camp」という日本最大のインキュベーションオフィスを設置している[13]。ここには、投資先のベンチャー企業や業務提携をするVCや事業会社の投資部門が席をおいており、また、起業家予備軍や優秀なエンジニアがイベントを通して多数集結する場となっており、コミュニティが形成されている。

（3）アーリーステージにおける大型投資事例

　近年、アーリーステージでの資金調達が活発に行われているが、この段階で、1億円以上の資金調達に成功しているベンチャー企業も存在する（**図表4-2**）。これらのベンチャー企業は、いきなり1億円を調達したわけではなく、その前の段階で、エンジェルやVC、シードアクセラレーターからの投資を受けたうえで、さらなる資金調達を行っている事例が多い[14]。たとえば、オーシャンズは、2010年9月にシードアクセラレーターであるネットエイジから500万円の支援を受けて起業し、2011年12月には、ジャフコとGMO Venture Partnersから1億円の投資を受けているが、この間、わずか1年3ヶ月という短期間である。同社は、プレスリリースに「オーシャンズ株式会社は、ローカルグラフで世界の人をつなげることを目的に、2010年9月16日に設立されたインターネット企業です。ユーザー体験、マネタイズ、プログラミング、UI（ユーザーインターフェース）、クリエイティブのスペシャリストなど、人気インターネットサービスの開発・運営を経験したプロフェッショナルが集まり、位置情報を軸として、人と人とをゆるやかにつなげる「ローカルグラフ」を利用したコミュニケーションプラットフォーム

第 4 章　ベンチャー起業家教育とファイナンス

図表 4-2　アーリーステージで 1 億円以上調達したベンチャー企業の事例

企業名	大分類	小分類	VC	調達時期	会社設立	設立後経過年数	調達額
美人時計	webサービス	アプリ	GCP	2010年11月	2010年2月	9ヶ月	2億790万円
みんなのウェディング	webサービス	口コミサイト	GCP	2010年12月	2010年10月	2ヶ月	1億1170万円
ロイヤルゲート	webサービス	システム開発	NTTIP、みずほ	2011年9月	2007年9月	4年	1億円
aiming	webサービス	ゲーム	IF、ジャフコ	2011年9月	2011年5月	4ヶ月	12億円
ワンオブゼム	webサービス	ゲーム	GCP、IVP	2011年10月	2011年1月	9ヶ月	3億円
テラモータズ	製造（環境）	電動バイク	みずほ、個人投資家	2011年10月	2010年4月	1年6ヶ月	2億2100万円
マインドパレット	webサービス	写真アプリ	ITV、GREE	2011年11月	2010年11月	1年	1億円
エムラボ	webサービス	ゲーム	IVP	2011年11月	2011年4月	7ヶ月	1億円
NEXTBOOK	webサービス	電子書籍	三井住友、三菱UFJ、SMBC	2011年12月	2010年7月	1年5ヶ月	1億2100万円
オーシャンズ	webサービス	位置情報	ジャフコ、GMOVP	2011年12月	2010年9月	1年3ヶ月	1億円
ビットセラー	webサービス	写真ストレージ	ジャフコ	2012年4月	2011年10月	6ヶ月	4億2000万円
スポットライト	webサービス	広告	ITV	2012年5月	2011年5月	1年	1億5000万円
FrogApps	webサービス	アプリ	リード、電通デジタル	2012年5月	2010年9月	1年8ヶ月	2億4000万円
ジモティー	webサービス	広告	KDDI、三菱UFJ、IVP	2012年6月	2011年2月	1年4ヶ月	1億5000万円

注：2010年11月から2012年6月までの代表的な事例。
VC略称＝GCP：グロービス・キャピタル・パートナーズ／NTTIP：NTTインベストメント・パートナーズ／みずほ：みずほキャピタル／IF：インキュベイトファンド／IVP：インフィニティ・ベンチャー・パートナーズ／ITV：伊藤忠テクノロジーベンチャーズ／GREE：グリーベンチャーズ／三井住友：三井住友海上キャピタル／三菱UFJ：三菱UFJキャピタル／SMBC：SMBCVC／GMOVP：GMO Venture Partners／リード：リード・キャピタル・マネジメント／電通デジタル：電通デジタル・ホールディングス。
出所：筆者作成（各社ホームページ、Tech Wave、Venture Now 参照）。

『Eyeland』を運営している」と記載している[15]。経営者は、ヤフーやバイドゥといった有名ネット企業で勤務した経験をもち、バイドゥで働いていた数人が集まって起業した。いずれも、ネットビジネスに精通したメンバーである。さらに、ベンチャー起業支援のプロフェッショナルであるネットエイジの支援を起業の段階から受けて、急成長している。ここからもわかるように、オーシャンズは、成長市場で、優秀な経営チームが事業にあたっている典型

的な例といえる[16]。

　サービス分類をみてみると、ほとんどが、ウェブサービスのベンチャー企業であるが、環境技術分野でのベンチャー企業も注目されている。テラモーターズは、2010年4月に設立された電動バイクを製造するベンチャー企業である。同社は、「日本の技術を世界に」という理念を掲げ、昨今注目される環境技術（クリーンテック）分野で起業している。代表の徳重徹氏は、アメリカのMBAを取得したのち、シリコンバレーでベンチャー支援会社の代表として活躍した人物である。経営チームとしては、本田技研工業などで車両の設計・製作・開発に従事した製品管理・品質管理の専門家、戦略立案のコンサルタント、三菱商事の自動車製造・販売業務出身のコンサルタント、外資系証券会社出身の財務コンサルタントなど、外部の支援者の協力を得ている。資金調達に関しては、代表者の自己資金2000万円で会社設立し、2011年10月には、設立後1年半というスピードで、みずほキャピタルほか、元ソニー会長の出井伸之氏、元グーグル日本代表の辻野晃一郎氏、アップルジャパン元代表の山元賢治氏などのエンジェルから2億円を調達している[17]。

　アーリーステージでの積極的な大型投資が目立つグロービス・キャピタル・パートナーズ（GCP）は、ベンチャー支援には段階的にさまざまな役割が必要であることを指摘する。まずエンジェルやシードアクセラレーターが100万円単位からアーリーステージのベンチャーを支援し、資金提供のみならず、メンターとして経営のアドバイスまでを行うことの重要性を述べている。そこからシェイプアップされたベンチャー企業がつぎのステージに進み、同社のようなVCが億単位の投資をする。さらに、そこから伸びる会社がIPOを果たし、エンジェル、シードアクセラレーター、VCに資金が還流していく。同社は、こうしたエコシステム（生態系）が確立されれば日本の起業環境そのものが変わると認識して、投資活動を行っている（『ベンチャー通信』vol. 48、2012年、9頁）。

　これらの事例は、起業家が起業の段階から急成長を志向するベンチャー型起業を選択し、それに向けたビジネスプランの作成と実行、資金調達を行った典型的な成功事例といえる。さらに、ここに示した事例は、有望な市場で、

優秀な経営チームがベンチャー企業を経営しているという共通の要素がみられ、いずれもアーリーステージで1億円以上の資金を調達している。シードアクセラレーターやエンジェル、VC から、数百万円を調達して起業し、起業後の早い段階で追加投資を受けて企業成長していくという事例は、珍しいことではなく、ベンチャー起業の典型的な成功パターンとなっている[18]。したがって、ベンチャー型起業を選択する意味、ベンチャービジネスについての理解、ベンチャーファイナンスの理解、ビジネスプランの理解は、ベンチャー起業家にとっていっそう重要性を増している。次章では、VC から投資を受ける際に不可欠なビジネスプランについて検討する。

● 注

（1） 国民生活金融公庫総合研究所編（2000）61-90 頁。国民生活金融公庫が、業歴 3 年以上で 1999 年 1 月に融資した企業 1 万 1985 社について実施。回答数は、4233 件。

（2） 東証マザーズの上場審査基準の適格要件（有価証券上場規程第 212 条）に「反社会的勢力による経営活動への関与を防止するための社内体制を整備し、当該関与の防止に努めていること及びその実態が公益又は投資者保護の観点から適当と認められること」とある。

（3） エンジェルファンド、スタートアップインキュベーターと呼ばれることもある。

（4） わが国のシードアクセラレーターとして、モビーダジャパン、サムライインキュベート、ネットエイジ、サイバーエージェント・ベンチャーズ、KDDI ∞ Labo、デジタルガレージ、オープンネットワークラボなどが有名である。

（5） 『日本経済新聞』、2012 年 1 月 11 日付。同ファンドへは、NTT インベストメント・パートナーズ、グリー、ビッグローブ、セプテーニ、三菱 UFJ キャピタル、中小機構が出資。インキュベーションスペースは、森ビルが提供している。B Dash Ventures ホームページ（http://bdashventures.com/）参照。

（6） モビーダジャパン、ホームページ（http://www.movidainc.com/）参照。MOVIDA JAPAN 株式会社（2012）。

（7） サムライインキュベート、ホームページ（http://www.samurai-incubate.asia/）参照。榊原（2013）。

（8） たとえば、成功事例として、同社が支援したノボットは、その後、ngi キャピタルなどから 3100 万円、ジャフコ、ニッセイキャピタルから 1 億円を調達し、KDDI の子会社に十数億円で買収されている。ノボットは 2009 年 4 月の会社設立から 2 年 3 ヶ月でバイアウ

トしたことになる。

（9） ネットエイジ、ホームページ（http://www.netage.co.jp/）参照。
（10） たとえば、同社の投資先であるオーシャンズ（2010年9月設立）は、ジャフコとGMOベンチャーパートナーズの2社から、2011年12月に、1億円調達している。オーシャンズのプレスリリース（http://oceans-inc.com/news/2011/12/finance20111213/）を参照。
（11） グリーベンチャーズ（2011年11月設立）やKLab Ventures（2011年12月設立）など、上場ベンチャー企業がコーポレートベンチャーキャピタル（CVC）を設立している。また、フジテレビによるフジ・スタートアップ・ベンチャーズ（2013年1月）やNTTドコモ・ベンチャーズ（2013年7月）など、大企業がスタートアップを支援するCVCの設立が目立っている。
（12） サイバーエージェント・ベンチャーズ、ホームページ（http://www.cyberagentventures.com/）参照。
（13） 「STARTUP Base Camp」は、2012年12月に東京都港区赤坂に開設された（http://www.cyberagentventures.com/startupbasecamp/）。
（14） ワンオブゼム、FrogAppsは、サイバーエージェント・ベンチャーズが出資。
（15） オーシャンズプレスリリース（http://oceans-inc.com/news/2011/12/finance20111213/）参照。
（16） オーシャンズ、ホームページの役員紹介（http://oceans-inc.com/corporate.php#member）を参照。
（17） http://techwave.jp/archives/51704097.html 参照。テラモータースの経営陣、主要株主に関しては、同社ホームページ（http://www.terramotors.co.jp/about/）参照。
（18） 近時においては、ラクスル（印刷のポータルサイト）、コイニー（カード決済）、クラウドワークス（仕事マッチングサイト）などは10億円以上の資金調達に成功しており、わが国の資金調達環境は大幅に改善されている。

第5章
ベンチャー起業家教育とビジネスプラン

1　文系大学生への起業家教育の要諦

　わが国の大学学部における起業家教育講座の大半は、経営学部や商学部といった文系学部に設置されている。そして、学生起業家や起業家予備軍の学生の多くが、文系学部に在籍している。第1章で取り上げた同志社大学の学生起業団体DVTは、構成メンバー100名の全員が文系学部に在籍している。一方、大学とベンチャービジネスの関連について議論される際には、大学発ベンチャーに関する議論が中心であり、いかに大学の技術に関する研究成果をビジネス化するかに焦点が絞られてきた。つまり、大学発ベンチャーの軸足は、理工学部や医学部といった理系学部におかれ、文系における大学発ベンチャーについては、議論の対象から外れているわけである。ここでは、大学発ベンチャー（文系版）を実現するための起業家教育の要諦について検討する。

（1）事業起点型と技術起点型のイノベーションモデル
　わが国における、従来の大学発ベンチャーに関する議論は、おもに理系の研究者が技術や特許といった研究成果をいかにビジネス化するかといったものであった。わが国の内閣知的財産戦略本部が提唱する知財戦略においても、技術を起点とする「知財の創造、保護・権利化、活用」という知的創造サイクルが、活発に議論されてきた。このサイクルは、技術というシーズを起点

として、それを保護・権利化したうえで、その技術の用途開発を行い、そして、市場を形成していくという「はじめに技術ありき」の技術起点型のイノベーションモデルである。このモデルに対し妹尾堅一郎は、「技術で勝り、事業で負ける日本」「科学技術大国ではあるが、科学技術立国できていない日本」という問題提起を行っている（妹尾2009、390頁）。

一方、事業競争力強化の観点からみれば、技術を起点としたサイクルではなく、むしろ「逆まわり」のサイクルで考えることが重要である。すなわち、事業構想を起点として、それを可能たらしめ、かつ、競争力のあるビジネスモデルやそれを支える知財マネジメント（権利化・標準化・契約化）の構想とシナリオを描き、そしてそれを実際に展開するといった事業起点型のイノベーションモデルである。このモデルによるイノベーションの最近の事例としては、たとえばアップルのビジネスモデルが挙げられる。アップルの戦略は、製品やサービスの大部分を既存技術に依存しながら、技術よりもむしろその技術を活用した製品サービスによる画期的な価値形成力によってイノベーションを先導するというものである[1]。

（2）事業起点型ベンチャー起業家の育成

先述のように妹尾堅一郎は、イノベーションマネジメントにおける人材開発において、技術起点型ではなく事業起点型イノベーション人材の育成の必要性を説き、その人材を「事業軍師」と呼んでいる（妹尾2011、224頁）。事業軍師に求められる一番の能力はビジネスモデルの構築であり、その能力開発の基本は「定石を学び、定石を超える」訓練である。そして、この能力開発の要諦として、異業種のビジネスモデルに学ぶことが挙げられている。これらの議論は、技術系人材、理系人材に向けて指摘されているが、文系大学生のための起業家教育にも有用である。

一般的な文系の学生は、技術について専門的に学んでいるわけではなく、技術開発を行っているわけでもない。文系の大学生に対する起業家教育を実践していると、「自らに技術がないとベンチャービジネスは無理なのではないか」といった声や、たとえば、ネットビジネスのプランニングをしても、

「自分たちでは、ウェブサイトがつくれない、システムが開発できない」と言って、その先に進めないケースが非常に多い。文系大学生に向けたベンチャー起業家教育においては、文系の学生に技術力がないのであれば、事業を構想する力を磨き、その事業を支える技術は調達してくればよい、という事業起点型のイノベーションモデルについて教育し、「事業軍師」を育てていくことが必要であると考える。妹尾は、プロフェッショナル人材育成のための方法論として、知識を最初に与えて応用させるより、むしろ、課題を遂行するなかで必然的に知識を吸収し、思考を磨くほうがより効果的、効率的であると主張していた（妹尾2011）。また、集団のなかで徹底的に「気付き、学び、考えること」を繰り返し行うことがもっとも効果的であるとし、自身が実施責任者を担当する東京大学イノベーションマネジメントスクールにおいても、基本的に教員は「教えない」方針で臨んでいるという。人材は「場と機会」を提供すれば、「自ら育つ」という信念にもとづき、受講生には、事業課題に関して大いに議論を展開させ、それに質問を浴びせることにより、受講生自らが、「気付き、学び、考える」ようになる。そして、これを繰り返すことで、事業戦略やビジネスモデルを構想する力が開発されると強調している。このことは、ベンチャー起業家教育においても多くの示唆を与えるものである。

　大学におけるベンチャー起業家教育の実践においては、ベンチャービジネスの知識を教えることは不可欠であると考えるが、同時に、ビジネスプランの作成という実践的な課題を通して、学生自らが、「気付き、学び、考える」ことが有効であると考える。筆者の大学における起業家教育の経験からも大いに共感するところである。

（3）新しいビジネスモデルの台頭と起業家教育

　ベンチャー型起業において、起業テーマをなににするかは、マクロ的な要因から絞られてくる。新規上場企業の業種分類でみると、情報通信、小売、サービス業が上位を占め、これを新興市場に絞ると、その傾向はより顕著になる（木谷編2010、38-39頁）。ベンチャー起業家として成功するか失敗する

かの分かれ道が、起業する際の有利な事業領域の選び方にあるとすれば、起業家教育においても、学生に対して有利な事業領域を選ぶ方法について教えるべきである。わが国においては、市場構造も大きく変化し、わが国全体のGDPの約7割をサービス産業が生み出している（経済産業省2008a）。とりわけ、インターネット関連ビジネスの成長率は非常に高いものがあり、21世紀の新たな産業構造を予測させる。工業化社会から知識社会へといわれて久しいが、新興市場をみるととくに、これが明確である（松田監修2011、20頁）。

　最近の動きとして、インターネット関連のなかでも、スマートフォンの急速な普及や、ソーシャル・ネットワーキング・サービス（SNS）の拡大により、これらに関連するソーシャルメディア領域での起業が、20代の若者を中心に活発である。さらに、創業段階からVCが投資をする事業領域もこの領域に集中している。櫻澤仁も指摘するように、彼らの戦略展開動向や経営観を分析すると、オーソドックスなテキストと矛盾するような企業行動が顕在化しつつあり（櫻澤2010、2-3頁）、このような企業行動への着目も起業家教育の重要な検討事項であると考える。このことは新しいビジネスモデルの台頭に起業家教育の方法論が十分にキャッチアップできていないことを意味しており、さらに起業家教育従事者が自らの偏見を打破していく必要があることをも意味している。

2　ベンチャー型起業とビジネスプラン

（1）ビジネスプランの位置づけと意義
① ビジネスプランの目的

　ビジネスプランとは、これからはじめようと考えている事業に関して、基本的なアウトラインを体系的にまとめた文書のことである。換言すれば、事業の将来の青写真である。事業のエッセンスが凝縮された「事業の縮図」であり、同時にその事業に関して起業家が思考したプロセスが結晶となって残ったものでなくてはいけない。そして、ベンチャー型起業にとって、ビジネスプラン作成の目的は、第一に資金調達のためであり、第二に成長を先導す

る手段とするためである（ティモンズ1997、343頁）。

　第一に、起業家がVCやエンジェルからの資金を競争的な環境下で調達する際に、完成されたビジネスプランは必要不可欠である。ティモンズは、著名なベンチャーキャピタリストの見解をつぎのように紹介している。「1980年代以前は、ビジネスプランがしっかりしていれば、VCの注目を集めることができたが、こんにち、ビジネスプランは優秀であって当然であり、それ自体では資金調達における競争優位は期待できない」（ティモンズ1997）。一方、木谷哲夫らが指摘するように、わが国では、ビジネスプランをしっかりと作成して起業するといった起業スタイルは、いまだ根づいていない（木谷編2010、166頁）。しっかりとしたビジネスプランを作成すれば、最低限VCの目にとまる状況にある。もっとも、ここでいうビジネスプランは、VCからの資金調達を目的とするものであるから、自営業型起業や中小企業型起業においては、ビジネスプランを作成する必要はなかったわけである[2]。ベンチャー型起業においては、起業家は、起業後の早い段階で投資家からの投資を受けて、そこから「給料（役員報酬）」を受けながら起業後の数年間を生活することが多い。その意味においても、投資家向けにビジネスプランを作成することは、当初からきわめて重要なのである。

　第二に、成長を先導する手段としてのビジネスプランには、以下の事項が含まれる。事業内容を明確にすることによって、創業メンバー間での協力の基盤づくりを行うこと、起業家自身が、事業の問題点や障害を確認し、事業の成功の可能性を高めること、事業の状況や進捗状況を確認することによって、その後の事業環境の変化などに応じた調整の可能性のたたき台とすることなどである（長谷川2010、39頁）。これらの事項は、成功の確率を高めることを意味している。新しい事業の立ち上げは、非常に困難をともなう仕事であり、失敗する恐れも大きい。しかし、リスクをゼロにすることは不可能であっても、事前に十分な計画を練ることによって、リスクに備え、リスクを最小にすることは可能である。ビジネスプランを仮説検証のツールと位置づけ、節目ごとにその有用性を議論し、事業の方向性を見直すことが大切である（グロービス経営大学院2010、2-3頁）。そして、このことが、事業成功の可

能性を高めるのである。

② 投資家がビジネスプランをみる視点

　ビジネスプランの第一の目的が、VCから資金調達を行うものであるとするならば、ベンチャー起業家は、VCが投資案件を選定する視点を理解しておくことが重要である。神座保彦によれば、VCにとって投資したいベンチャー企業には、共通の条件があるという（神座2005）。それは、①経営戦略の妥当性、②市場の成長性、③独自性と新規性、④ファイナンス計画、⑤高い期待リターンなどであり、それらが相互に整合性があるかどうかがVCにとっての判断の決め手になると自らの実務経験をふまえて明らかにしている[3]。VCは、有望なベンチャー企業を世の中に送り出して経済社会の発展や活性化に貢献する役割を担うものであるが、この大前提として、ベンチャー企業が事業に成功しなくてはいけない。実務的には、数多くいる公開予備軍のなかから、公開可能性が高く、急速に事業の展開を遂げ、多くのキャピタルゲインをもたらしてくれそうな企業をいかにして抽出するかがポイントになってくる。別のいい方をするならば、「ビジネスモデルが機能してキャッシュ・フローを生み出し、その急速な成長が投資先ベンチャー企業を株式公開に至るまで牽引し、VCのキャピタルゲイン獲得の可能性が高い」ことがポイントであると神座は述べる。そして、この時点で、投資案件選定の判断に誤ると投資後の支援を強化しても成功は難しくなることについても言及している（神座2005、142頁）。

　また、起業家は資金調達のために、ビジネスプランの概要を1、2枚の用紙にまとめたエグゼクティブ・サマリーを作成する。VCは数多くのビジネスプランに目を通すため、通常、起業家とVCとの最初のコンタクトは、エグゼクティブ・サマリーのやり取りからはじまることになる。この段階で数十ページにわたるビジネスプランをVCに提出することはなく、シリコンバレーにおいては、それは避けるべき慣習となっている。起業家は、そのビジネスがどれだけ世の中の多くの人たちが抱える深刻な問題を解決できるのか、その市場のどんな分野でどれだけ多くのシェアがとれて、どのくらいの利益

を上げて、投資家にどれほどの高いリターンがありそうか、というポイントについて、わずか数分で読み取れるようにしておかなくてはいけない。数十枚、数百枚におよぶ詳細なビジネスプランの説明は、そのビジネスに投資する意義が見出せたあとの話になる[4]。このような理由から、この1、2ページのエグゼクティブ・サマリーが、ビジネスプランのなかでもっとも重要な部分であるといわれている。

（2）事業機会の発見――事業領域の検討と事業アイデアの創出

　筆者が実践する大学におけるビジネスプラン作成の講義でもっとも学生が苦労するステップが、事業機会の発見である。初回の講義で事業アイデアを考えてくるように課題を出すものの、多くの学生は苦戦し、良いアイデアは意外なほどに出てこない。そこで、ビジネスプラン作成における最初の壁を越えるために、事業機会の発見方法の指導が有効となる。事業機会を発見するためには、まず、事業領域を検討することからはじめ、事業領域を決定したあと、事業アイデアを創出していくことになる。

① 事業領域の検討

　起業家志望のほとんどの人は、事業機会を発見できずに苦労している。つまり、どのように事業をはじめるかではなく、どんな事業をはじめればよいかがわからずに苦労しているのである。大学におけるビジネスプランの作成の講義においても、どんな事業にするのかが決められずに、苦労する学生が非常に多い。事業機会の発見は、起業活動全体のなかで考えると、最初の一歩にすぎないが、魅力的な事業機会を認識できれば、資金や人材といった経営資源の調達もしやすくなり、供給の仕組みもつくりやすくなる（高橋2009、35-36頁）。

　シェーンは、ベンチャー型起業において、成功する一握りの起業家とそうでない起業家を分ける大きな違いは有利な産業を選ぶか否かであると指摘した。起業家として成功するには、確率を計算し、成功する確率の高い事業領域を選択する必要があり、VCがハイテク事業に注目する理由は、この種の

ベンチャー企業が成功する確率がもっとも高いことを知っているからであるという（シェーン2005）。そして、有利な産業を見極めるポイントとして、「知識特性」「需要特性」「産業のライフサイクル」「産業構造」の４つの観点から分析を行っている。ティモンズも、「市場構造」「市場規模」「市場の成長率」をそのポイントに挙げており（ティモンズ1997、124-126頁）、市場が大きく、市場の成長性が高く、新しい産業であることがとりわけ重要であると考えられる。さらに、シェーンは、価値のある事業領域を発見するにあたり、「テクノロジーの変化」「政策や規制の変化」「社会や人口動態の変化」「産業構造の変化」に着目する必要性を説いている（シェーン2005、55-60頁）。また木谷哲夫らは、起業する際の「事業領域」の重要性を強調している（木谷編2010、21-22頁）。事業領域の決定に際しては、「業界」「顧客」「商品」の視点から検討することを提唱し、「業界」は成長市場を選ぶこと、「顧客」はターゲット顧客の物理的な人数と財力がチャンスの大きさを規定すること、「商品」に関してはお金を払ってもよいという顧客からの金銭的評価がともない、かつ、安定的に供給できなくてはいけないとしている。このような視点で、事業機会を発見するために、まずは、事業領域を検討する必要がある。事業領域を絞ったうえで、つぎなるステップは、その領域における事業アイデアを創出することである。

② **事業アイデアの創出方法**

　起業家が新しいアイデアを創出するにはどうすればよいのであろうか。起業家の多くは、これまでの社会に見当たらず、かつ、スケールの大きなビジネスのアイデアを探そうとするが、なかなかふさわしいアイデアが調達できないでいる。新しいアイデアの創出を起業家の勘と経験にのみ依存しているために、うまくいかないことが多いのである。偶然に大きなアイデアを調達できることも稀にあるが、その確率を高めていくためにはどのような考え方、手法をとったらよいのであろうか。その代表的手法をいくつか紹介する。

　結論からいうならば、新しいアイデアとは、「既存のアイデアの組み合わせ」と考えるべきである。長谷川博和は、事業アイデアの創出パターンの分

類を理解することの必要性を述べ、そのパターンは、「これまでにないまったく新しい製品・サービスの創出」と「既存サービスへの新しい付加価値の創出」の2つに分かれるとした（長谷川2010、25頁）。「これまでにないまったく新しい製品・サービスの創出」とは、まったく新しい「発明」をもとに、類似の製品やサービスが存在しないまったく新しい製品・サービスを創出することである。そのためには、これまでにない素材、原材料、情報、科学技術を、特許などの知的財産権をともなって開発または活用する必要がある。ただし、この事業アイデアの創出パターンは、起業家が大学や研究所などの最先端の分野で研究を続けてきたという経験が必要である。経験もなく、思いつきでこの事業アイデアを創出することはきわめて稀である。また、この創出方法は、技術起点型のイノベーションモデルであり、事業起点型のイノベーションモデルを目指す、文系の大学における起業家教育にはなじまない。

　一方、「既存サービスへの新しい付加価値の創造」とは、既存の製品・サービスになんらかの応用を加え、新しい価値を創造することである。これは、既存の製品・サービスにこれまでにない事業の仕組み、低コスト、スピード、多様性を加えることで、既存の製品・サービスとは次元の異なる、新しい製品・サービスが生まれることである。

　新しいアイデアの創出方法として、別の角度からみると、そのアイデアが新しいかどうかは、調べてみないとわからない、ということがある。したがって、類似した商品・サービスがあるかどうか、あればその詳細について、徹底的に調査することが重要になる。筆者の起業家教育などでの経験に照らしあわせても、新しいアイデアを思いついた学生が、類似アイデアがないか調査すると、ほとんど例外なくそのアイデアは事業化されている。インターネットで検索しただけで、少なくとも類似のサービスが発見されるのが現実である。

　しかし、アイデアの創出というのは、ここからはじまるのである。新しいアイデアを創出するために、オズボーンリストを使用することもある。オズボーンリストとは、ブレーンストーミングを開発した、アレックス・F・オ

図表 5-1　オズボーンリスト

①転用：そのままで新用途は？　ほかへの使い道は？　他分野への適用は？
②応用：似たものはないか？　なにかの真似はできないか？
③変更：意味、色、働き、音、匂い、様式、型を変えてみる
④拡大：時間、頻度、強度、高さ、長さ、価値、を拡大できないか？
⑤縮小：削除、短縮、減らす、小さく、低く、軽く、省略、分割、絞り込み
⑥代用：人を、物を、材料を、場所を、代用できないか？
⑦置換：順序を、要素を、型を、配置を、因果を置き換えられないか？
⑧逆転：反転、上下左右を、順番を、役割を、転換できないか？
⑨結合：合体、混ぜる、ブレンド、組み合わせる

出所：長谷川（2010）28 頁。

ズボーンが考案した発想法で、既存のものから新しいものを生み出すときに有用であるとされている。既存の商品やサービスを出発点として、①転用、②応用、③変更、④拡大、⑤縮小、⑥代用、⑦置換、⑧逆転、⑨結合のそれぞれの観点から、新しい製品・サービスのアイデアを導き出すものである。たとえば、子供向けのお菓子を「④拡大」の観点から従来の 10 倍の大きさにすると、従来のお菓子のマーケットとは異なる土産物マーケットが創出された。クロネコヤマトの宅急便のアイデアは、牛丼の吉野家からもヒントを得ている。つまり、宅急便を立ち上げた小倉昌男氏は、当時、牛丼一筋に絞り込んで成長してきた吉野家をみて、取り扱う商品の「⑤縮小（絞り込み）」というアイデアを思いついている[5]（小倉 1999、73 頁）。ムハマド・ユヌス氏がバングラデシュに設立したグラミン銀行は、従来の銀行業務の常識と慣習を「⑧逆転」し、世界最大のマイクロ・ファイナンス機関として成長を続けている（図表 5-2）（米倉 2011、130-131 頁）。インターネットサービスの多くは、既存のビジネスをインターネット上で「⑦置換」したものである。このように、オズボーンリストを活用して、これまでにない製品・サービスを考

第5章　ベンチャー起業家教育とビジネスプラン

図表5-2　グラミン銀行と従来の銀行との対比

従来の銀行は金持ちを対象とするが、グラミンは貧しい人を
従来の銀行は男性を対象とするが、グラミンは女性を
従来の銀行は都市で業務をするが、グラミンは農村で
従来の銀行は高額取引を好むが、グラミンは少額を
従来の銀行は顧客をよびつけるが、グラミンは顧客のもとで
従来の銀行は担保をとるが、グラミンはとらない
従来の銀行は借り手の過去を調べるが、グラミンが興味をもつのは未来だけ

出所：米倉（2011）130-131頁。

えるヒントにしていくことができる。

　井上達彦は、「創造とは無から有をつくることで、従来にないものを創り出すこと」という固定観念こそを打ち破らなくてはいけないと主張する（井上 2012、214-215頁）。そして、起業家に対して、「創造の基本は模倣であり、天才でなくても起業は出来るわけであり、その時決定的に重要なことは、良いモデルを探すことである。良いモデルを見つけることが出来れば、成功の確率を上げることが出来る」と提言している。起業家にとって、必ずどこかに自分が参照すべき対象があり、良いモデルさえみつければ、そこを出発点としてビジネスモデルを思い描くことができる。ビジネスモデルの発想における模倣は、単純な模倣にとどまるものではなく、競争戦略における模倣戦略とも異なる。それはモデリングをベースにした学習戦略であり、創造のための模倣といえる。創造的な模倣には、2つのタイプがある。第一のタイプは、遠い世界から意外な学びをするという模倣である。これは、優れたお手本からインスピレーションを得て、独自の仕組みを築いていくような模倣である。第二のタイプは、顧客の便益のために、悪いお手本から良い学びをするという模倣である。これは、業界の悪しき慣行を反面教師にして、イノベーションを引き起こすことを含む。たとえば、グラミン銀行は、既存の銀行システムでは貧困層に融資をすることができないとして、それを反面教師にマイクロ・ファイナンスの仕組みを構築した。顧客や既存の銀行とも共存共栄ができる素晴らしい模倣の姿といえる（井上 2012、7-8頁）。また、ロバート・サットンは、イノベーションにとってもっとも重要なことは、「見慣れた現象を新しく見る力である」とし（サットン 2002、12-13頁）、米倉誠一郎

も「多くの人々が思い込んでしまった慣習や常識をはがし、新たな競争の次元を創りだすことも重要なイノベーションである」ことを強調している（米倉2011、134頁）。このように、事業アイデアの創出とは模倣を起点とした独自性の追求という行為であり、起業家教育の現場におけるビジネスプラン作成講座の第一歩は、なにをモデルにするかを徹底的に調査するところからはじまるわけである。起業家予備軍は、アイデアはユニークなものでなければならないという思い込みが強すぎる。起業家予備軍が思い浮かぶようなアイデアは、すでにほかの誰かがどこかで考えたようなものである。アイデア自体が重要なのではなく、そのアイデアをいかに発展させ、ビジネスプランに落とし込み、事業化するかが重要であり、このことを学ぶ必要がある。

（3）ビジネスプランの作成
① ビジネスプランの内容

　事業領域を確定したあと、そのなかで事業アイデアを創出することで、事業機会が発見できたならば、つぎなるステップは、ビジネスプランの作成である。

　ビジネスプランの作成は、事業機会の発見を実行に移すためのロードマップである。その目的は、先述のとおり、第一に資金調達のためであり、第二に成長を先導する手段としてであった。ビジネスプランには、確固としたフォーマットが存在するわけではないが、その目的を達成するために、これから開始する事業の全体像がつかめるよう、さまざまな視点から総合的、網羅的に記載する必要がある。そして、このビジネスプランに盛り込むべき項目は、**図表5-3**の内容である。

　ビジネスプランを記載するうえで、非常に重要なポイントは、簡潔に記載することである。一般的に、ワードで作成した資料であれば、補足資料を除いた本体部分を長くとも30ページ以内に抑える必要がある。各項目の詳細な分析は望ましいが、読み手の理解を促進するためにも、ビジネスプランは簡潔にまとめた。

　実際の作業にあたっては、①盛り込むべき項目に関して、資料収集や調査

図表5-3　ビジネスプランの標準的な構成

1. エグゼクティブ・サマリー
・会社概要／事業内容／ビジネスプラン提出の目的／市場／商品・サービス／競合状況／ビジネスモデルと戦略の概要／主要経営陣／必要資金／収支計画
2. 会社概要
・社名／所在地／設立年月日／資本金／発行株数／代表取締役／業務内容／組織図
3. ビジョン
・ミッション／経営理念／事業目標
4. 商品・サービス
・概要説明／ビジネスモデル／利用イメージ図／価値／優位性
5. 市場戦略
・市場とマイルストーン／市場セグメント／市場規模／ニーズ分析／競合状況／市場参入戦略／市場参入タイミング
6. 販売戦略
・ターゲット顧客／価格／ブランディング戦略／流通チャネル／パートナー／販売促進計画／カスタマーサービス
7. 経営
・経営理念／主要経営陣／開発体制／使用計画／売上計画／人員計画
8. 収支計画
・シードマネー／資金調達計画／5年後までの収支計画（年単位）／1年後までの収支計画（月単位）
9. 出資要件・必要資金

出所：曽我・能登（2011）をもとに筆者作成。

を行ったうえで、要点を書き出し、②エグゼクティブ・サマリーを作成する。③そのうえで、エグゼクティブ・サマリーの骨子に情報を加えながら、ビジネスプランを作成していく方法を推奨する。

　こうしてつくられたビジネスプランをもとに、VCとの交渉が進んでいくわけであるが、これは、大学における起業家教育と照らしあわせて考えた場合、ビジネスプラン・コンテストの選考過程と類似している。通常、ビジネスプラン・コンテストは、ビジネスプランを1、2枚にまとめたエントリーシートを提出し書類選考が行われる。この書類選考に通過した者のみが、2次審査用のビジネスプランの提出を求められる。あわせて、審査員との面接審査が行われ、5組ほどのチーム（あるいは個人）が、決勝大会に進出するといった流れである。つまり、ビジネスプラン・コンテストにおけるエントリーシートは、エグゼクティブ・サマリーと同じ役割を果たし、より詳しい

ビジネスプランと面接をもとにした審査は、VC との交渉過程にあたるわけである。

② ビジネスプラン作成の要点

　ビジネスプランを要約した部分が、エグゼクティブ・サマリーである。この部分は、単なるイントロダクションではなく、ビジネスプラン全体の集大成である。エグザクティブ・サマリーは、ビジネスプランを手にする人が最初にみる部分であり、かつビジネスプランの印象を決定づけるものである。この部分を読むことで、読み手はそのあとに書かれている内容を推定することも多く、このサマリーしか読まれない場合も少なくない。したがって、エグゼクティブ・サマリーは、ビジネスプランをより深く検討してもらうために、事業内容、ビジネスプランの提出目的、経営チームについて、簡潔かつ要点を押さえた説明を行い、読み手を引きつけなければならない。また、2 ページほどの最小限の量で、最大限のインパクトをいかに与えるかも考慮して書かなければならない。このように、ビジネスプランの要点は、エグゼクティブ・サマリーに集約されるため、以下では、その記載項目について重要な点を指摘し、ビジネスプランで補足すべき点についても説明したい（グロービス経営大学院 2010、25-26 頁）。

　1）会社概要　　会社名、代表者名、事業内容、住所、電話番号、連絡担当者、ホームページのアドレスなどを表紙もしくはサマリーの冒頭に記載しておく。読み手がビジネスプランを読んでコンタクトしたいと考えたときに、すぐに目にとまるようにすべきである。

　2）事業内容およびビジネスプラン提出目的の説明　　エグゼクティブ・サマリーの冒頭では、会社の事業内容、ステージおよびビジネスプラン提出の目的を明確に説明する。会社の事業内容を最初に簡潔に説明するのは、たとえば VC にも投資事業分野の志向性があるからである。全業種、全成長ステージを対象にする VC もあれば、特定業種、特定成長ステージに投資を絞り込んでいるところもある。そのビジネスプランが投資対象に合致していることがわかれば、丁寧に読んでもらえるかもしれないし、その逆の場合はたが

いに無駄な時間が省ける。ビジネスプランの提出目的も、最初に明確にする必要がある。単に投資を求めているのか、それとも、コンサルティング的な付加サービスを期待しているのか、必要資金はいくらか。目的によって、ビジネスプランの書き方は大きく違ってくる。

3）**市場、製品・サービス、競争状況**　製品・サービスおよび市場の概要を説明し、参入する市場が魅力的であることを強調する必要がある。具体的な製品・サービスを紹介するだけではなく、結局どのような価値を顧客に提供するのかについてもふれておく必要がある。想定される競合についても簡単に示しておく。長くなりがちだが、ポイントだけを押さえて書くことが肝要である。

ビジネスプランにおいては、参入市場について、市場の規模感や成長性（マクロ的視点）と、その顧客特性（ミクロ的視点）について説明する。市場の発展がどの段階にあるのか、これから創出される市場なのか、現在急成長中の市場なのか、もしくは既存成熟市場の掘り起こしなのかを記載する。また、現在の市場規模および成長率はどのくらいなのか、今後どのくらいの規模にまで発展しそうなのか、あるいは、主要顧客は誰なのか、顧客のニーズはなにかについても説明する必要がある。ターゲット顧客へのインタビューや統計的調査による顧客購買活動の分析を行うことも、事業のフィージビリティ（実現可能性）を高めるために重要な調査である。

4）**ビジネスモデルと戦略の概要**　エグゼクティブ・サマリーでは、詳細なビジネスモデルを示す必要はないが、ビジネスモデルの特徴は記しておく。また、競合に対する優位性についても記載する。ここは、まさに事業の独自性や「勝てる理由」を示すパートであり、投資家が注目する点である。とくに昨今はITを有効に活用したり、課金を工夫したりするなど、ビジネスモデルへの関心が高まっている。事業戦略は、先述した市場分析や競合分析、業界分析が前提となって構築される。ここでは、競争に勝つための戦略とその要点について簡潔に説明する。差別化、コストリーダーシップ、集中など、どの競争戦略をとるのか。製品力や販売力など、どのような強みをどのように構築して競争優位を確立していくのか、バリューチェーンのどこに

強みがあるのか、といったことを記載する。ビジネスプランにおいては、事業の構造・仕組みを意味するビジネスモデルを、できるだけ図表などを用いて可視化して説明する。ひと目でビジネスモデルが理解できるように、供給業者、提携業者などとの関係、ステークホルダー（利害関係者）や顧客との関係、そして課金の仕組みなどをチャート化して示すことが望ましい。新たなビジネス分野で、これまでにないビジネスモデルを志向しているのであれば、このビジネスモデルに関連するステークホルダーとその関係性を示したチャートをつけ、どのようなスキームやシナリオで競争優位を構築するのか説明するとよい[6]。

5）主要経営陣　中心となる経営陣のそれぞれの役割、およびバックグラウンドについて説明する。経営陣の経営経験や実績、能力、資格などは、投資家側としてはもっとも関心のある部分だが、エグゼクティブ・サマリーでは重要な経歴、能力についてふれるにとどめる。

ビジネスプランでは、主要マネジメントメンバー、各主要部門のリーダーについて、これまでの略歴（学歴、職歴、おもな達成事項など）を記載し、当該チームが実績を積み上げた人々で構成された強力な経営チームであるという認識を読み手に与えられるようにする。出資側にとっては、卓越した実績をもった経営者および経営メンバーがそれぞれの分野で揃っていることは、内容が素晴らしいビジネスプランであることよりも、投資する魅力になることが多い。また、社外の協力者についても記載するとよい。社外の協力者とは、弁護士、公認会計士など専門性の高いサービスの提供者、社外ブレーン、アウトソーシング先などである。この部分が充実していれば、新たなステークホルダーを引きつける武器としても使える。社外協力者の氏名または名称、経歴のほか、企業に提供しているサービスや協力の内容、自社との責任分担も記載する。

6）必要資金額　資金提供側としてもっとも気になるところであるにもかかわらず、往々にして明記されていないのが、必要資金額とその用途の項目である。調達しようとしている資金はいくらで、そのうちいくらを投資家に依頼しようとしているのか。投資であれば、株価およびその保有比率、株

主構成、その投資資金の回収イメージ（株式の公開、もしくは売却とその収益率）はどのようになるのか。調達資金は具体的にどのような使途を考えているのか。これらの要件を簡潔に明記する。

7）収支予測　　市場の成長とリンクさせながら、何年目で売り上げ、利益がいくらになるのか、事業目標イメージを収支予測として記載する。この規模がどのくらいかによって、案件としての魅力度も変わってくる。

ビジネスプランにおいては、今後の損益予測および資金繰り予測について、その前提条件を詳細に明示しなくてはいけない。売り上げの伸びの根拠、粗利率の根拠、経費関連の根拠などを明示しておかなければ、なぜ事業成長や利益、キャッシュ・フローの向上が達成できるのか、細部にわたって聞かれることになる。

なお、VC がアーリーステージのベンチャー企業をみる際、それまでの決算での赤字は今後の事業成長性が見込まれる場合にはさして問題とされないが、直近の資金繰り状況、原価率、各経費率などは、今後の財務予測の基礎となるため細かくチェックされることとなる。

8）資本政策　　資本政策とは、資金調達や株式公開などを念頭におき、必要な資金をどのような資本構成のもとにいかなる時期に調達するか、株式公開時の持ち株比率は妥当な水準か、などを考慮する株式に関わる戦略や計画のことである。つまり、「どのような株主に、いくらの株価で、何株分の株式やストックオプションを割り当てるか」を計画するものである。

ベンチャー企業にとって、この資本政策が重要である理由は、初期の資本政策の間違いほど、あとになってからの修正が困難であるからである。たとえば、50万円の資本で創業した直後であれば、10％の持分をもつ株主の株式を譲渡してもらう場合は5万円ですむが、これが5億円の企業価値でVCから投資を受けたあとになると、同じ10％の持分を動かすために5000万円の資金が必要になるわけである。一般に、株式公開前の起業家は、資金的余裕がないため、起業家の持分が希薄化すると、これを高めることは非常に困難となる（磯崎 2010）。

事業におけるさまざまなリスクをとる起業家は、それが十分に報われる資

本政策を考える必要がある。起業家は事業のリスクを投資家と分散するが、起業家が負うリスクの質や量は投資家とは異なる。したがって、起業家は、自身の投資リターンを最大化することを強く意識して資本政策を行わなくてはならない。

③ ビジネスプランのブラッシュアップ

　このようにして、作成したビジネスプランは、さまざまな人の意見を聞いて、必要に応じて修正し、ブラッシュアップしていく必要がある。起業家のなかには情報が漏れるのを恐れてビジネスプランを外部の人にみせない人もいる。VCにさえ最初から守秘義務契約書を要求する会社もある。どこまで開発が進んでいるのか、納入交渉している相手企業がどこで、交渉はどこまで進んでいるのか、などは守秘義務対象の情報であろうが、VCはプロとして活動しており、当然のこととして情報の管理は厳密に行っている。契約社会のアメリカ、シリコンバレーのVCにおいても、同様である。面談の最初に内容を聞く前に包括的な守秘義務契約書にサインを求めるのは問題とされ、アメリカのベンチャー企業でもそのような行動はとらない。ビジネスプランの内容を一読した程度で簡単に真似されるようなプランには価値がなく、プランよりもいかにそれを事業化できるかが重要であるとの指摘も多い。

　このように、過度な秘密主義は避けるべきであり、むしろ、起業家はメンターや信頼できるVC、業界の先輩経営者など、いろいろな人にビジネスプランをみせ、どのような反応を示すかを十分にみる必要がある。そして、貴重なコメントに対しては、感謝の意をもって謙虚に学ぶ姿勢も重要な起業家の資質である。

　起業家の情熱と知恵をかけてつくりあげたビジネスプランに対して、人がどのような反応を示すかによって、ビジネスの可能性もわかるし、また、みせた相手の力量もわかるものである。もちろんみせた人全員に賛同してもらう必要はない。否定的な意見を述べる人からも、ビジネスの革新性、将来性を確信した意見を述べてくれる人からも修正ポイントを取り入れて、ぜひビジネスプランを見直してもらいたい（長谷川 2010、42 頁）。

大学における起業家教育においても、このブラッシュアップの作業によって、ビジネスプランが見違えるほど魅力的になるケースが少なくない。また、最近の学生向けのビジネスプラン・コンテストにおいては、決勝進出チームにメンターをつけてブラッシュアップするメンター制度を設けるコンテストも存在する[7]。

3 わが国の大学における事例

(1) 先進的な取り組み事例

わが国の大学における起業家教育は、緒についたばかりといえるが、そのようななかで、モデルケースともなる先進的な取組が一部の大学の学部科目において実践されている[8]。

① 東京大学アントレプレナー道場

東京大学では、学生起業家育成プログラムとして、「東京大学アントレプレナー道場」を、国立大学法人化2年目の2005年度より実施している。産学連携本部、東京大学エッジキャピタル、東京大学TLOと共催で、これまでの過去7年間で1000名を超える学生が参加登録している。この道場は、東京大学の学部学生・大学院生・研究員（ポスドク）を対象とし、独創的なアイデアの事業化や、研究成果の権利化をベースとした起業について、講義や演習を通じて教育や訓練の場を提供していく約6ヶ月間のプログラムである。初級コース（「起業・事業化とは何かを知る」）・中級コース（「起業・事業化を構想する」）・上級コース（「起業・事業化プランを策定し社会に問う」）を経て、上級コースの選抜チームはビジネスプラン・コンテストにて発表・審査会を行う。カリキュラムにはチーム編成を呼びかけるためのセッションも設定され、すべての参加者はいずれかのチームに属することになる。初級コースから中級コースにステップアップするためには、事業化提案の概要をまとめた「ビジネスサマリー（A4用紙2枚程度）」を提出しなければならない。同様に、中級コースから上級コースに進出するには各チームはより詳細な「ビジネス

プラン（A4用紙10枚程度）」を提出することが求められる。各ステージで提出された事業化提案が審査され、上級コースには6～8チーム程度が選抜される。上級コースの各チームには、学生の事業化プランのブラッシュアップをサポートするメンター2名が配置される。これらのメンターは、原則として事業化推進部教員と「東大メンターズ」のメンバーである。すなわち、メンターはベンチャー企業の実態に精通している公認会計士、弁護士、銀行マン、証券アナリスト、経営コンサルタント、ベンチャーキャピタリストといった30～40歳代のプロフェッショナルで、年齢からいえば学生たちの兄貴・姉貴分的存在だ。上級コースに進級したチームはメンターと定期的に打ち合わせを重ね、途中合宿勉強会（東京大学の千葉県検見川研修所）で徹底的なダメ出しを行い、起業・事業化の最終プランを仕上げていくことになる。

　アントレプレナー道場の最終審査（ビジネスプラン・コンテスト）では、審査基準として、①事業としての新規性・社会へのインパクトの大きさ、②ビジネスプラン全体としての合理性・整合性、③プレゼンテーションスキル、の3点を重視している。こうして、最終発表・審査会では最優秀賞1チームと優秀賞2チームを選考し表彰する。ビジネスプランのさらなる充実を条件に実際に起業をする場合には東京大学エッジキャピタルが設立出資を行うことも想定されている。ここ数年は、アントレプレナー道場で使用する教育コンテンツの拡充にも注力している。たとえば起業家教育のためのシミュレーションゲームを、株式会社リバネスと共同開発したり、東京大学関連のベンチャー企業の具体的なケースを作成してアントレプレナー道場の初級あるいは中級コースの講義・セミナーで活用したりしている。また、2008年度からは北京大学と連携して起業家育成プログラムの学生交流を行っている。具体的には北京大学共青団が主催するビジネスプラン・コンテストに参加し、優秀チームとして選抜された北京大学学生と東京大学アントレプレナー道場での上位入賞チーム学生が北京、東京双方を訪問してさらなる研鑽を積むというプログラムを運営している。東京大学での最終審査会が行われたあとの11月には東京大学学生が北京大学を訪問し、翌年の1月あるいは2月には北京大学学生が東京大学に来訪して活発な交流を行っている。このプログラ

ムを通して、グローバルな視点からビジネスを起案できる学生の育成を目指している。

　2010年1月24日には産学連携本部が主催して「東京大学における起業家教育の振り返りと将来への課題」と題した起業・大学発ベンチャーセミナーを開催した。このセミナーのために、道場の卒業生（1～5期）の進路に関する調査を事前に行ったが、上級コースに進出した「卒業生」約120名の母集団を中心に、約20名の卒業生がなんらかのかたちで起業に関わっていることが判明した。この結果をふまえてパネル討議が行われたが、パネリストとして道場卒業生起業家4名と東大メンターズメンバー5名が参集した。道場開始から6年目の段階で、これまでの活動を総括するとともに、今後の起業家教育活動について議論した（各務2011、106-110頁）。

② 早稲田大学オープン教育センター「ベンチャー起業家養成基礎講座」

　早稲田大学では、「起業」を志す学生に、「起業」準備の実践的サポートを行うことを目的に「ベンチャー起業家養成基礎講座」を2005年度より開講している。全学部生を対象とした起業家育成講座（大和證券グループによる寄付講座）で、ゲスト講師として起業経験者を招聘し、学生の起業に関する意識を深めている。講義は、起業の心がまえ、起業からIPOへのシナリオ演習、ビジネスプラン作成演習、先輩起業家とのディスカッション、ビジネスプラン発表会などで構成され、適宜演習が取り入れられている。最終目標として、受講者自らのビジネスプランの作成が義務づけられており、夏期集中講義（合宿形式）では、事業計画のブラッシュアップを行っている。最終講義で実施されるビジネスプラン・コンテストの優秀者にはインキュベーションオフィス入居料が1年間無料になる権利が与えられるほか、入居後にインキュベーションマネージャーによるマンツーマンの指導を受けられる特典が与えられる。

　同講座は、早稲田大学のインキュベーションセンターが、2001年より実施していた自由参加型のセミナーが活況を呈していたために、2005年に学部の正式科目に格上げされ、大和証券グループ寄付講座「ベンチャー起業家養

成基礎講座」として開設されたものである。同講座では、ビジネスに必要な基礎的な学習ができると同時に、ビジネスプラン・コンテストで優秀なビジネスプランと人材を発掘し、早稲田大学インキュベーションセンターで育成する仕組みが構築されている。すでに、本講座を受講した多くの学生のなかから、実際に起業し、成果をあげる事例が出はじめている。2011年12月に東証マザーズに上場した株式会社リブセンスの村上太一氏は、この講座を受講し、講座の総仕上げで行われたビジネスプラン・コンテストで最優秀賞を受賞したことが起業のきっかけであった。最優秀賞受賞で与えられた1年間のインキュベーションオフィス1室の使用権を行使し、そこを本社として会社を設立した。その後、リブセンスは急成長し、会社設立5年目にして株式上場、村上氏は25歳での最年少上場社長として注目を集めている（早稲田大学監修2009、191頁）。

（2）同志社大学での取り組み事例

　筆者は、2010年度より3年間、同志社大学商学部の1年次生向けの導入科目である「ビジネス・トピックス」という講義で、起業家教育を実践してきた。本講義は、各クラス20名のゼミ形式の講義であり、筆者は各年度4～5クラスを担当し、3年間で約250名の学生の教育に携わった。
　講義の内容は、ビジネスプランの作成とベンチャー関係者による講演会の2本柱で構成している（**図表5-4**）。講義の到達目標としては、ビジネスプランの作成を通して、起業を疑似体験し、アントレプレナーシップを身につけること。そして、経営戦略、マーケティング、ファイナンス等が実際のビジネスにどのように関係してくるかを学び、チームワーク、思考力、実行力を育成することである。さらに、ビジネスの最前線で活躍するゲストを講師として招聘し、ビジネスパーソンと交流することで、起業やベンチャービジネスにも関心をもち視野を広げることを目指すものであった。具体的な講義内容は下記のとおりである。

第5章　ベンチャー起業家教育とビジネスプラン

図表5-4　シラバス（2011年度ビジネス・トピックス）

担当：熊野正樹

■概要
この講義では、ベンチャービジネスについて考えます。起業家志望、ベンチャー志望、いずれは社長になりたい学生の受講を歓迎します。

〈ビジネスプラン・コンテスト〉
受講生には、ベンチャー企業経営者になったつもりで、インターネットビジネスに関する「ビジネスプラン」を作成してもらい、ビジネスプラン・コンテストを実施します（同志社大学が実施するビジネスプラン・コンテストにも応募します）。受講生は、ベンチャー企業経営者なのですから、「なにを誰に売るのか」「どうやって儲けるのか」「資金調達はどうするか」「マーケティングはどうするか」など、多面的に経営について考えなくてはなりません。そのためには、詳細な調査を行い、ビジネスプランにまとめ、わかりやすくプレゼンテーションする必要があります。

〈ベンチャー講演会〉
起業家やベンチャー経営者、ベンチャーキャピタリストなどをゲストに迎えて講演会を実施します。ベンチャー最前線に生きる人々の「山あり谷ありのリアルストーリー」に接することで、「生き方」の視野を広げてください。

■講義内容
第1回　オリエンテーション
第2回　ビジネスプラン①ベンチャービジネスとは、アイデア創出方法
第3回　ビジネスプラン②グループ分け
第4回　ビジネスプラン③マーケティング講座
第5回　ビジネスプラン④ファイナンス講座
第6回　ビジネスプラン⑤事業計画書作成／ブラッシュアップ
　　　　★同志社大学ビジネスプラン・コンテスト応募（1次・書類審査）
第7回　ゲスト講演会①（セールスフォース・ドットコム、倉林陽氏）
　　　　『Introduction of US Entrepreneurship』
第8回　ビジネスプラン⑥事業計画書作成／ブラッシュアップ
第9回　★同志社大学ビジネスプラン・コンテスト2次予選（2次・プレゼン審査）
第10回　ゲスト講演会②（ソーシャルリクルーティング、春日博文氏）
　　　　『人生最後の学生生活の過ごし方と、内定を辞退して起業に至った理由』
第11回　ゲスト講演会③（アールナイン、長井亮氏）
　　　　『学校では教えてくれないキャリアのルール』
第12回　ビジネスプラン⑦事業計画書作成／ブラッシュアップ
第13回　BTビジネスプラン・コンテスト（4クラス合同）
第14回　BTビジネスプラン・コンテスト（4クラス合同）
第15回　まとめ

■成績評価基準
平常点（出席・発表）　50％
　授業の性格上、出席およびグループワークへの積極的な参加姿勢を重視します。
ビジネスプラン　　　　30％
期末レポート　　　　　20％

出所：同志社大学シラバス（2011年度）、筆者作成。

① ビジネスプランの作成とコンテストへの応募

　同志社大学が実施するビジネスプラン・コンテスト[9]への応募を受講生に義務づけ、ビジネスプランの作成、ブラッシュアップ、プレゼンの準備を行った。まず、初回講義で、ビジネスプラン・コンテストの審査基準やスケジュールなどの概要を説明したあと、各自、ビジネスのアイデアを考えてくるように課題を出すが、多くの学生が真剣に考えるもののアイデアが浮かばないという状況であった。そこで、第2回では、独創的なビジネスアイデアの創出方法について説明した。その秘訣は、いま、世の中にあるあらゆるビジネスについて徹底的に研究することである。あるビジネスとあるビジネスを組み合わせたり、異業種では当たり前のコンセプトを転用したり、あるビジネスのコンセプトを拡大したり、縮小したり、他のビジネス領域に応用したりすることで、これまで世の中になかった新しいビジネスが誕生することを多くの事例を通して講義した。この講義を受けて、再度、ビジネスアイデアを考えてくるよう課題を出すと、さまざまな面白いビジネスアイデアがもちよられた。このようにビジネスプランの作成において、学生が一番苦労する点は、ビジネスアイデアが浮かばないという点であり、事業機会の認識が乏しいという点であった。第3回では、テーマの近似性をもとに、グループ編成（定員5名）を行い、以降の講義では、前半を講義形式、後半をグループワークとして進行した。グループワーク時は、教員は各グループを巡回指導した。第4回はマーケティングについて、第5回ではファイナンスについて、ビジネスプラン・コンテストのエントリーシートの記載事項にそって講義し、第6回では、ブラッシュアップを行うとともにエントリーシートを完成させ、コンテストの事務局にエントリーシートを提出した。

　本講座からコンテストには、2010年度、2011年度ともに19組の応募があった。2010年度は、書類選考（1次）で8組が通過し、面接審査（2次）を経て1組が決勝大会に進出した。2011年度は、書類選考（1次）で17組が通過したものの、面接審査（2次）を通過することができなかった（**図表5-5**）。残念な結果であったが、入賞したビジネスプランと遜色のないレベルのものが多数あったと考える。反省点としては、ビジネスプランの完成度に比較し

第 5 章　ベンチャー起業家教育とビジネスプラン

図表 5-5　同志社大学ビジネスプラン・コンテストへの応募組数と結果

	2010 年度 BT	2010 年度 全体	2011 年度 BT	2011 年度 全体	2012 年度 BT	2012 年度 全体
応募	19	130	19	45	26	52
1 次通過	8	29	17	29	19	29
2 次通過	1	6	0	6	2	5
入賞	0	3	0	3	2	3

注：BT はビジネス・トピックスの略。

て、プレゼンテーションの練習不足が目立った点が挙げられる。決勝に進出したチームは、どれもプレゼンテーションが上手い点が共通していた。一方で、審査基準が定められているにもかかわらず、一部の審査員は独自の審査基準で審査しており、必ずしも審査基準に則った審査が行われていないという主催者側の問題点も課題としてあった。

　2012 年度は、本講座からは決勝大会に 2 チームが進出し、1 チームは準グランプリと、財団法人情報通信機構（NICT）が主催する起業家甲子園への出場権を獲得できる NICT 賞を受賞した。予選の段階では、26 組の応募があり、書類選考（1 次）を 19 組、面接審査（2 次）を 2 組が通過し、決勝大会に進んだ。決勝進出チームは 5 組であったが、6 ～ 10 位を本講座のチームが占めるなど、例年以上にハイレベルなビジネスプランをつくることができた。

　ビジネスプランの作成とコンテストへの応募を通して、学生は、講義以外の時間にもグループで集まってプランを作成したり、メンバー宅にて合宿を行ったりと、どのグループも積極的に取り組んでいた。興味深いことに、自分のグループのプランを苦労して作成するなかで、ほかのグループのプランに対する関心も高まり、意見交換を自発的に行うなど、クラス全体で盛り上がる場面もしばしばみられた。また、同志社大学ビジネスプラン・コンテストへの応募のほかに、ビジネス・トピックスの講義においても、第 13 回と第 14 回の 2 回を使って、合同クラスでビジネスプラン・コンテストを実施した。

図表 5-6 受講生アンケート結果

	2010年度 (N=68) 受講前	2010年度 受講後	2011年度 (N=80) 受講前	2011年度 受講後	2012年度 (N=92) 受講前	2012年度 受講後
①起業に興味がある	8	35	14	42	20	58
②ベンチャーに興味がある	10	44	16	48	27	69
③講義満足度（5点満点）	—	4.8	—	4.8	—	4.9

出所：①、②については、筆者調べ。③については、同志社大学商学部導入教育センター（2011、2012、2013）参照。

② ベンチャー講演会

　本講義では、もう1つの柱として、起業家やベンチャービジネスの関係者による講演会を実施した。たとえば、20011年度は、シリコンバレーでの実務経験もあるベンチャーキャピタリストであり、現在セールスフォース・ドットコムのアジア投資責任者を務める倉林陽氏、若手起業家として注目を集めるソーシャルリクルーティングの春日博文氏、自らも起業家であり、キャリアコンサルタントとして活躍する長井亮氏の3名を招聘し、講演会を実施した。いずれも自らの学生時代の経験、現在の実務の内容、ベンチャービジネスの魅力、これからの夢などを学生に対して講演し、質疑応答も盛り上がり、講演会終了後も長蛇の列ができるほど質問が寄せられるなど、学生は強い刺激を受けていた。

③ 講義アンケートの結果

　本講義による教育効果を測定すべく、簡単ではあるが、講義前と講義後に同様のアンケートを実施した。アンケート項目は、①起業に興味があるか、②ベンチャー企業に興味があるか、という2点である。①起業に興味のある学生は、2010年度は8名から35名に、2011年度は14名から42名に増加。2012年度においては、20名から58名に増加した。②ベンチャー企業に興味のある学生は、2010年度は10名から44名に、2011年度は16名から44名に、2012年度は27名から69名に増加した。また、講義満足度も5点満点中4.8から4.9という結果であり、ビジネスプランの作成やコンテストへの応募、

第 5 章　ベンチャー起業家教育とビジネスプラン

ベンチャー関係者の講演会などへの関心度や講義満足度は高かった（**図表 5 - 6**）。さらに、2011 年度においては、実際の起業に向けて、7 名の学生がベンチャー起業サークル（DVT）に加入、2012 年度は実際に起業の準備に入る学生があらわれるなど、一定の起業家教育の効果がみられた。

● 注
（1）　アップルの事業戦略については、以下に詳しい。妹尾（2011）79-84 頁。
（2）　自営業型起業や中小企業型起業の場合においても、金融機関への融資の申込の際にビジネスプラン（事業計画書）を提出するが、VC に提出するビジネスプランとは、大きく性質が異なる。
（3）　たとえば、サイバーエージェント・ベンチャーズは、投資の判断基準として、そのビジネスが①世の中の役に立つか、②マーケットが有望か、③勝てる経営チームか、④どうやって勝つか、⑤われわれが理解できるビジネスか、⑥事業計画が妥当か、などの視点で投資判断をしている。なかでもマーケットの有望性と経営チームは投資判断するうえで非常に大切な要素と説明している（『ベンチャー通信』vol.48、2012 年）。
（4）　エグゼクティブ・サマリーの重要性については、多くの文献で指摘されている。たとえば、神座（2005）173-174 頁、曽我・能登（2011）22-23 頁、カワサキ（2011）76-77 頁。
（5）　小倉氏は、サービスの多角化によって利益率を落としたヤマト運輸を顧みて、吉野家のように思い切ってメニューを絞り、利益率の高い小口輸送である個人の小荷物しか扱わない会社になるべきだと考え、個人宅配事業を行った。
（6）　ビジネスモデルに関してはオスターワルダー／ピニュール（2012）に詳しい。
（7）　たとえば、日本最大規模の学生向けビジネスプラン・コンテストである TRIGGER は、メンター制度をその特徴としており、決勝進出チームにメンターをつけて、2 ヶ月間にわたって、ブラッシュアップを行っている。筆者も 2012 年度のメンターを務めている（http://www.springwater.gr.jp/trigger/contest_summary/cc）。また、同志社大学のビジネスプラン・コンテストも、2012 年度からベンチャーキャピタリストによるブラッシュアップ講座を開催している。
（8）　東京大学、早稲田大学のほかに、九州大学（ロバート・ファン／アントレプレナーシップ・センター）のアントレプレナーシップ教育や慶應義塾大学におけるアントレプレナー育成寄附講座など、充実したプログラムがみられる。また、筆者が 2014 年度より勤務する崇城大学は、理工系の総合大学としてベンチャー起業家育成講座を開講し、起業家教育に注力している。

（9） 同志社大学リエゾンオフィスと同志社ベンチャートレイン（DVT）の共催で、2003年度より実施されているビジネスプラン・コンテスト。優勝者には起業資金として30万円が贈呈される。

第6章
ベンチャー企業の育成と
エコシステムの構築

1　ベンチャー企業とエコシステム

　ベンチャー起業家社会の実現に向けては、まず起業家の輩出なくしてははじまらないため、そのために重要となる起業家教育について、これまでファイナンスとビジネスプランの観点から考察してきた。つぎに、こうして輩出されたベンチャー企業をいかにして育成していくかが重要となってくる。そこで、本章では起業後のベンチャー企業を育成するエコシステムについて考察し、その全体像について認識を深めていく。

　ベンチャー企業の輩出とシリコンバレーのような起業家を育成するネットワークづくりは、わが国にとって古くて新しいテーマである（五十嵐 2005）。とくに、1990年代半ばより「ベンチャー企業の振興」に向けて、さまざまな制度改革が行われ、ベンチャー企業をとりまく環境は急速に整備されてきた。しかし、制度や社会の仕組みは起業家やベンチャー企業に有利になっているにもかかわらず、わが国のベンチャー企業は低迷を続け、いまだ産業構造の一翼を担うレベルにはとうてい及んでいない（伊藤 2009）。本章では、その原因をベンチャー企業のエコシステム（生態系）に求め、なにがベンチャー企業の輩出を阻害しているかをアメリカとの比較から明らかにする。具体的には、ベンチャー企業をとりまく外部環境に焦点を絞り、エコシステムの基盤をなす、政策、投資、人材の3つの側面からわが国のベンチャー企業の育成における問題点を分析し、課題と展望について検討していく。

近年、ベンチャー企業の成長要因を起業家やマネジメントのあり方に求めるのではなく、外部環境全体からとらえ、それをエコシステムとして理解しようとする研究が注目されている。このテーマにおいて、とくに1990年代以降、アメリカシリコンバレーでは、つぎつぎに新しいベンチャー企業が誕生し、産業の活性化が実現したことから世界中の注目を集め、その仕組みと機能について多くの報告がなされている。すでに述べたようにサクセニアンは、1970年代を通じて興隆をみせたアメリカ東海岸のボストン・ルート128と西海岸のシリコンバレーの両地域が、1980年代に入ると業績に違いが出てきたことに着目し、両地域の比較を通してシリコンバレーの成功要因を分析している。シリコンバレーの成功要因は、新産業の創出とイノベーションのメカニズムにあるとし、ベンチャー企業がその重要な役割を担っていると分析している。また、シリコンバレーの気質、文化、風土に着目し、大学やエンジェル、VCをはじめとするさまざまなネットワークが身近にあり、かつ企業の壁を越えた情報や人材の交流、イノベーションにおける非公式のコミュニケーションが活発に行われる点を成功要因として強調している（サクセニアン1994）。また、シリコンバレーの移民の役割に注目し、高技能移民とその世界的なネットワークの重要性を指摘している。シリコンバレーで働いた中国やインドのエンジニアたちが帰国して起業し、シリコンバレーの移民ネットワークを使ってそれを大きく育てた結果、両国の発展につながったと主張した。シリコンバレーでは、地域経済を外国からの移住者に開放し、その結果、他に類を見ないほど多様性の高い労働力を擁するようになった。シリコンバレーのエンジニアの半分以上が外国生まれであり、彼らが母国との間でキャリアやビジネス上のつながりをもちはじめ、帰国後もシリコンバレーの元同僚たちと協業し、地域横断的なノウハウや技能の循環をもたらしている。帰国したエンジニアとシリコンバレーの専門家との協業は、自国内で孤立無援で競争しているだけではおよそなしえないイノベーションが可能になるということである。（サクセニアン2008）。

　すでに述べたように、エコシステムとは、本来は生態系を指す英語"ecosystem"の日本語訳の科学用語であるが、生物群の循環系というもとの意味

第6章　ベンチャー企業の育成とエコシステムの構築

から転用され、産業分野における経済的な連携関係全体を指す用語として比喩的に使われている[1]。つまり、イノベーションは、人材、資金、知識、制度、市場など、さまざまな要素が複雑に絡みあったプロセスから創出されるものであり、この複雑で不確実なプロセスに潜む阻害要因をイノベーションの機会に変換するためには、生態系のように複雑な環境を良好な状態に整えなくてはならない。ベンチャー企業は、外部に存在するさまざまな組織と連携してイノベーションを創出して成長を果たすわけである。イノベーション研究においては、アメリカ競争力評議会が2004年に発表した報告書「イノベート・アメリカ」において提示された「イノベーション・エコシステム」という概念が注目されている。この報告書は、イノベーションの発生とは、線形もしくは機械的なものではなく、多くの社会の構成員があらゆる分野で相互作用を続けていくといういわば生態系の現象としてとらえている。また、エコシステムを構成する3つの柱として、「投資」「人材」「インフラ」を明示して政策提言を行っている。「インフラ」に関しては、連邦政府・州政府の政策が重要であるとし、イノベーション戦略を推進するための国民的コンセンサスの形成の重要性を強調している。このイノベーション・エコシステムという概念は、ベンチャー企業の育成においても親和性が高く、本書でも、この枠組みを援用している。つまり、ベンチャー企業のエコシステムの基盤も同様に「投資」「人材」「インフラ（政策）」と分類が可能であり、これらを構成する要素として、起業家、資本源（エンジェル、VC、銀行、大企業）、顧客、研究者、ベンチャー志向の専門家（コンサルタント、弁護士、公認会計士）、政府、研究・教育機関、非営利組織や業界団体、非公式のネットワーク、文化的・教育的風土、成功事例や指導者、地理的な場所などを挙げることができる（アイゼンバーグ 2011、131頁）。わが国においても、原山優子らが、ベンチャー企業を基点としてさまざまなイノベーションの連鎖を内包する複雑系をイノベーション・エコシステムと呼び、その文脈のなかで、ベンチャー企業が果たす役割やベンチャー企業の本質について分析している（原山・氏家・出川 2009）。

2　政　　策

　ベンチャー企業は、イノベーションと雇用を創出し、経済発展において重要な役割を有する。わが国においては、1990年代からベンチャー企業の創出と育成を図る政策の必要性が強調され、さまざまな支援がなされている（図表6-1）。

　具体的には、1995年のストックオプション制度の創設、1997年のエンジェル税制の創設、さらに、日本版VCの制度的基盤となる1998年の「中小企業等投資事業有限責任組合法」の制定、1999年、当時要望の強かった優先株など無議決権株式の発行要件を緩和する「新事業創出促進法」の改正が行われた。同年、中小企業基本法が36年ぶりに改正され、政策目的ともいえる中核的な主体がベンチャー企業におかれた。これは、二重構造下にあった中小企業の近代化を果たそうとする旧中小企業基本法の理念とはまったく異なり、アメリカ型のベンチャー企業にみられる発展性の高い起業・創業型の中小企業がその念頭におかれている（佐竹編2002、288頁）。そして、同年にベンチャー企業向けの新興市場、東証マザーズ、2000年にはナスダックジャパン（現・ジャスダック）が開設されると、ベンチャー企業が速やかに株式公開できる環境に一変した。商法については、当時VCが取締役選解任権をもてるような議決権種類株の創設、ベンチャー企業がスピーディに増資や株式分割ができるように授権資本枠の上限規制の撤廃、1株当たり純資産額規制や額面規制、単位株制度など株式分割・出資単位規制の撤廃・緩和、ストックオプションをより有効に活用できるよう付与上限や付与対象の制限の撤廃と付与手続きの弾力化といった改正要望があったことから、2001年の臨時国会と2002年の通常国会において商法改正が実現している。唯一残ったベンチャービジネスに関わる商法の論点は、「アメリカでは1ドルでも株式会社ができる。どうして日本は1000万円が必要なのか」という議論であったが、2002年特例が創設され、2005年商法改正において、最低資本金制度は撤廃された（石黒2005、39-41頁）。

図表6-1　日本のベンチャー政策の変遷

1995年	ストックオプション制度の創設
1997年	エンジェル税制の創設
1998年	中小企業等投資事業有限責任組合法の制定
1999年	中小ベンチャー国会、中小企業基本法改正、新事業創出促進法改正
	ベンチャー向け株式新興市場誕生
2001年	商法改正
2002年	商法改正
	議決権種類株式創設、授権資本枠の上限規制の撤廃、株式分割出資単位規制の撤廃・緩和、中小企業挑戦支援法→最低資本金規制を撤廃する商法特例創設
2004年	投資事業有限責任組合法
2005年	商法改正、有限責任事業組合法

出所：筆者作成。

　このように、この10年あまりで、ベンチャー政策としての直接的な支援措置は相当手厚いものになり、ベンチャー育成における制度的な阻害要因はほぼなくなったといえる。しかし、アメリカのようにベンチャー企業が経済を牽引する状況が日本で実現できているわけではない。この原因について、以下では、投資、人材の観点から分析を試みる。

3　投　　資

（1）新興市場の現状

　1999年にベンチャー企業向けの新興市場、東証マザーズが開設されて以降、この間に上場した企業は1000社を超えた。しかし、2006年初頭のライブドア事件を機に2003年以降の上昇相場から一転し、2008年後半の金融危機も重なり、市場は低迷を続けている。度重なる不祥事による投資家に対する市場の信頼の低下に加え、景気悪化による業績不振は、ベンチャー企業向けの新興市場に大きな打撃を与えている。さらに、投資家保護を目的とした内部統制報告書の提出義務（J-SOX法対応）が市場の混乱のさなかの2009年3月期からはじまり、コストの増加が株価の低迷と重なり上場メリットを低下させ、ベンチャー企業にとって上場意欲を削ぐものとなった。この結果、新興

図表6-2　IPO社数の推移

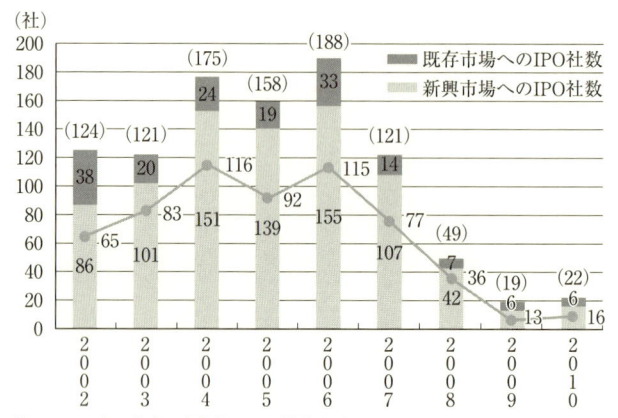

(社)
注：カッコ内の数字は全市場のIPO社数合計。
出所：VEC (2011a) 4頁。

図表6-3　1社当たりの平均調達額

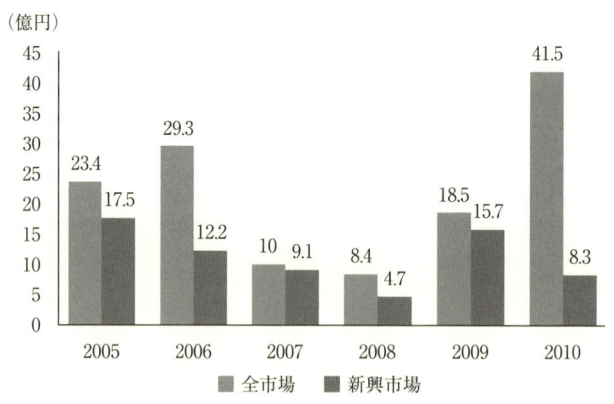

(億円)
出所：VEC (2011a) 6頁。

市場における2010年のIPO社数は16社（**図表6-2**）、IPOでの平均資金調達額は8億円と低水準であり（**図表6-3**）、ベンチャー企業の成長を加速する役割は果たせていない。なお、東証マザーズの近年におけるIPO企業の設立から上場までの平均年数は、5年から10年で推移している（**図表6-4**）。

図表 6-4　IPO 企業の設立から上場までの年数

(単位：年)

	2005	2006	2007	2008	2009	2010
東証1部・2部	26.3	47.1	31.9	47.5	41	68.9
マザーズ	7.6	6.3	7.8	5.2	9.3	9.6
ジャスダック	20.8	25.5	24.6	22.3	34	22.5
全体	12.0	12.9	16.8	21.6	31.6	21.3

出所：VEC（2011a）6頁。

（2）VC の状況

　わが国の VC の状況は、新規上場企業の急減で窮地に陥っている。IPO を主要な投資回収と収益実現の手段としてきたわが国 VC のビジネスモデルであるが、IPO 低迷で出口を失い投資資金回収が困難をきわめたことに加え、VC 自身の業績悪化により投資はさらに落ち込んでいる。近年の VC 投融資額の推移をみると、2006 年度は 2790 億円だった VC 投融資額も、2009 年度は 875 億円にまで落ち込んでおり、投資先数も 2006 年度の 2834 社から 2009 年度は 991 社にまで激減している（図表 6-5）。一方、イグジット件数の推移をみると、2009 年度においては、IPO によるイグジットが 106 件（全体の 6％程度）となっているように、償却・精算、経営者による買い戻しが高水準で推移している（VEC 2011a、11-14 頁）。

　一方、アメリカの VC の状況をみると、アメリカの VC の投資額は、わが国とは桁違いの水準にある。日米の年間 VC 投資額を比較すると、たとえば 2008 年度において、わが国が 1366 億円であるのに対し、アメリカでは 2 兆 3626 億円である（図表 6-6）（VEC 2010b、19 頁）。また、アメリカの IPO 件数と調達額の推移をみると、2008 年後半の金融危機によるマーケットの混乱で激減したアメリカ市場の IPO は、2009 年後半から徐々に回復し、2010 年は 154 社が上場、387 億ドルを調達している（VEC 2011a、30 頁）。

　アメリカのイグジットの状況をみてみると、わが国とは状況が大きく異なっている。アメリカでは、VC 投資のイグジットは、M&A が圧倒的に多く、わが国で主流の IPO は、2009 年度では全体のわずか 4％程度にすぎない

図表6-5　VC年間投融資額（日本）

期間	投融資額(億円)	社数(社)
2005/4～2006/3	2,345	2,834
2006/4～2007/3	2,790	2,774
2007/4～2008/3	1,933	2,579
2008/4～2009/3	1,366	1,294
2009/4～2010/3	875	991

出所：VEC（2011a）11頁。

図表6-6　日米VC年間投資額の推移

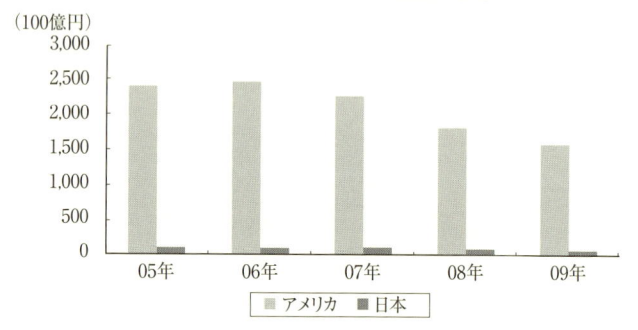

(100億円)

資料：アメリカはNVCA YEARBOOK 2010（1$＝90円換算）、日本は各年報報告書による。
出所：VEC（2011b）19頁。

（図表6-7）。アメリカでは、1990年代以降、出口戦略としてM&Aに転換を図っており、とくに、2000年頃からの株式市場の低迷により、VCはイグジット戦略を見直している。IPOのシェアは、2000年頃までは50％を維持しているが、2001年以降に急減し10％程度で推移し、2009年においては4％程度にまで低下しているのである（VEC 2011a、35頁）。このように、状況にあわせてアメリカのVCは、IPOからM&Aにビジネスモデルを変化させており、M&Aの活性化でVC、ベンチャー企業の双方にとって好循環が生まれている。

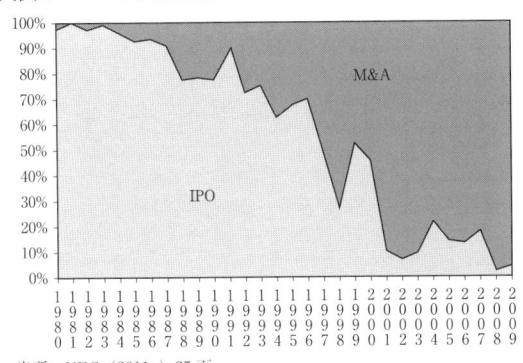

図表6-7　VC支援企業のイグジット件数割合（アメリカ）

出所：VEC（2011a）35頁。

（3）アメリカベンチャー企業の事例

　アメリカ、とくにシリコンバレーでは、ベンチャー企業がわが国とは桁違いの資金調達を行って急成長している。以下では、代表的な成功事例として、フェイスブックを取り上げる。フェイスブックは、世界最大のソーシャル・ネットワーキング・サービス（SNS）で、2004年にハーバード大学の学生であるマーク・ザッカーバーグ氏によって設立されたベンチャー企業である。2012年5月に上場し登録ユーザー数は12億3000万人（2013年末現在）で、2010年は、売上高は78億7000万ドル、純利益は15億ドルに達した。この成長を支えたのが、エンジェルやVCの資金であるが、彼らは単に投資するだけでなく、人的ネットワークや経営ノウハウ、経営戦略などをあわせて提供することにより若い企業を支えている。

　フェイスブックは、起業の初期段階でショーン・パーカー氏という著名なエンジェルと出会い、彼の人的ネットワークと知見をもとに、エンジェルやVCから巨額の投資を受けて、急成長を遂げている。設立にあたり、シリーズAの資金調達として[2]、シリコンバレーの著名なエンジェルであるピーター・シール氏から50万ドル、2005年にはシリーズBとして名門VCであるアクセル・パートナーズから1270万ドルを調達している。アクセル・パートナーズの大型投資を機にフェイスブックは学生向けのニッチなサイトから世界を揺るがす企業へと一気に離陸していく。その後、2006年には、シリー

ズCとして、グレイロック・パートナーズから2750万ドル、2007年にはシリーズDとしてマイクロソフトなどから3億7500万ドル、2009年にはシリーズEとしてロシアのIT関連投資会社デジタル・スカイ・テクノロジー（DST）から3億9000ドルを調達した。さらに2011年1月には、ゴールドマン・サックスとDSTから15億ドルを調達しており、非公開株の価格算出に使った推定企業価値は、500億ドルとされている。

　このように、短期間での急成長を実現するために、同社が成長初期段階で外部投資家からいかに多額の資金を調達したのかが理解できる。同社の成功物語は映画化され、広く世間に知れ渡ることとなる。そして、ザッカーバーグは国民的なヒーローとなり、若者の起業熱を盛り上げている。この背景には、リスクテイクした起業家の挑戦や成功をたたえる社会風土を垣間見ることができる。

（4）M&Aの促進と資金還流

　わが国は、ベンチャー企業へのおもな資金供給源であるVCへの資金供給のパイプを太くする努力が必要である。わが国の場合、投資を回収する選択肢がIPOに依存しすぎており、近年のように株式相場が低調で公開件数が激減すると、とたんに回収するすべを失ってしまう。そもそも、間接金融中心のわが国の金融システムは、リスクマネーが少ない。そのうえ、投資に耐えうる質のいいベンチャーが少ないから成功事例に乏しい。成功事例に乏しく市場が小規模だから、VCやベンチャー向けの新興市場がなかなか育たない。結局、ベンチャー企業のリスクは高いというハイリスク神話が崩れることはなく、市場のなかで資金供給の悪循環があった（石黒2005、37頁）。この悪循環を断ち切るためにも、今後考えるべき「出口戦略」の1つが、アメリカにみられるような大企業によるM&Aである。

　シリコンバレーの場合、おもに1980年代後半以降、大企業とベンチャー企業との有機的な補完関係が定着し、パートナーシップによる企業活動が進む過程で、大企業によるベンチャー企業の買収が活発に行われている。この大企業とベンチャー企業の関係が、VCやエンジェルを介してシリコンバレ

ーのベンチャー企業に資金が還流する仕組みの根底をなしている。そして、この資金の背景をともなって M&A が活発に行われ、ベンチャー企業の急成長を支えるといった一連のエコシステムが有効に機能しているのである。

（5）アメリカ VC の日本進出

　新しい動向として、アメリカの VC やベンチャー企業が日本に進出し、日本でのベンチャー投資を本格化させている。アメリカ式の大型投資とベンチャー企業育成は[3]、低迷するわが国の状況を食い止める動きとして期待される。

　アメリカの VC 大手 DCM は、2009 年 1 月に日本に進出、都内に事務所を構えた。DCM は、1996 年に創業し、IT 関連のベンチャーを中心に投資し、投資残高 16 億ドルとアメリカ VC のなかではトップ 10 に入る（2009 年度）。この時期に日本に投資をする理由として、「DCM は、長期投資をポリシーとしているため、今、積極的に良い経営者を育てていけば、5 年後に明るい未来が待っている」と伊佐山元・共同代表（当時）は述べた。勝算は、アメリカ式の大型投資にある。日本の VC の投資金額は数千万円規模と小さいため、ベンチャー企業は優秀な人材を採用する資金に乏しく、高い成長を目指しにくい。その結果、時価総額が小さいまま上場することとなり、巨額資産を運用する機関投資家の投資を呼び込めない。そこで、DCM は、投資案件を見極めながら、1 社当たり少なくとも 5 億円規模の資金を投じている（『日経ビジネス』2009 年 4 月 6 日号）。

　また、アメリカの有名ベンチャー企業でクラウドコンピューティングの草分けであるセールスフォース・ドットコムも、2010 年から日本のベンチャー企業に対する投資をはじめ、2011 年 6 月からは東京に常駐の投資責任者をおいて、日本でのベンチャー投資を本格化させている。同社のマーク・ベニオフ会長は、「日本人は気づいていないかもしれないが、日本は成功事例であふれている。当社は現在、日本の IT ベンチャーに投資を加速しているが、何度も日本を訪れるうちに、この国には、素晴らしい起業家がいて、有望なベンチャー企業がたくさんあることに気がついた。その大半が過小評価

されている」「我々は日本に専任の投資責任者を置き、常に投資機会を探っている。米国人の私がいうのも奇妙だが、日本は投資機会にあふれた非常に魅力的な市場だ。これまでに4社に資金を投じたが、今後も投資を続ける」（『日本経済新聞』2011年8月18日付）と日本のベンチャー企業を高く評価している。

4　人　　材

（1）アメリカのベンチャーキャピタリスト

　アメリカでは、起業家が事業売却資金でエンジェルやベンチャーキャピタリストに転身することが、1つのロールモデルとなっている。日本とは対照的に、ベンチャーキャピタリストのバックグラウンドも金融出身者ばかりでなく、事業経験者が多数派を占める（図表6-8）。たとえば、アメリカを代表するVCであるベンチマーク・キャピタルのジェネラルパートナーであるマット・コーラー氏は、その典型である。彼は、エール大学を卒業後マッキン

図表6-8　日米のVC比較

	日本	アメリカ
VCの形態	株式会社	パートナーシップ（専門家による個人集団）
VCの設立母体	銀行、証券、生損保が中心	独立系70％強、金融系20％、事業会社他
業界団体	日本VC協会：2002年結成	NVCA（全米VC協会）：1973年設立
VC会社数	200社以上	700社以上（NVCA加盟は400社）
キャピタリストの経歴	金融機関、金融機関からの出向	起業家、経営者、事業会社
キャピタリストの報酬	給与	成功報酬
投資資金	VC自己資金45％、ファンド55％	ファンド70％強
投資規模	数千万円	数億円（大規模）
VC投資以前	家族、友人からの借入、創業融資	エンジェル（個人投資家）

出所：VEC（2004）；神座（2005）に筆者加筆。

ゼー・アンド・カンパニーのシリコンバレーオフィスに勤務したのち、リンクトインの立ち上げと副社長を経験し、さらには、フェイスブックで5人目の従業員として両社を急成長させるといった実績を積んだうえで、ベンチマーク・キャピタルに参画している。このように、アメリカにおけるベンチャーキャピタリストは、ベンチャーを経営した経験があるか、業界に精通しているか、豊富な人的ネットワークを有しているかが、重要な条件になっている。

　日本で活躍するアメリカVCの日本人キャピタリストの経歴も興味深い。DCMの日本人キャピタリストの出身母体は、三菱商事、アップル、日本興業銀行、マッキンゼー・アンド・カンパニー、シリコンバレーのベンチャー企業などで構成され、事業会社の出身者が多いが、いずれもシリコンバレーでの事業、勤務経験を有しているところに特徴がある。

（2）人材の流動化と人的ネットワーク

　わが国では、優秀な人材が大企業に偏在しているため、優秀な人材や技術が大組織のなかから流動化せず、ベンチャー人材が不足していると指摘されている（石黒2005、37-38頁）。つまり、優秀な人材は、ハイリスクを避けて一流の大企業を目指し、自ら事業を起こそうとはしない。優秀な人材がベンチャー企業を起こさないから、その失敗の確率は高くなる。そして、間接金融中心の資金調達システムでは、個人保証までとられて、一度失敗すれば再起不能になる。そうした失敗事例をみているから、優秀な人材は、ますますベンチャー企業に足を踏み入れない。結果として、ベンチャー企業の数少ない成功者は、正規のルートから外れたアウトロー的な印象になる。その結果、数少ない成功者は、金銭的に恵まれても社会的には尊敬されないという文化が形成された。一方で、シリコンバレーでは、大企業とベンチャー企業の間での交流が活発であり、人材の流動化も活発である。この背景には、前節で述べてきた手厚いVCの資金が大きく関係しており、たとえ大企業からベンチャー企業に移っても、ベースの収入は担保され、ストックオプションなどで動機づけも行われ、流動化が促進されている。

人材の流動化が活発な背景として、シリコンバレーでは、非公式なコミュニケーションや交流イベントが日常的に行われており、外部コミュニティとの濃厚な人的ネットワークが大きく影響している。ベンチャー企業が輩出され続けるシリコンバレーの本質は、ハードなインフラの物理的な近接性よりも、ソフトな人的ネットワークにあるといえる。最新技術やビジネスに関してテーマを絞ったワークショップがいたるところで頻繁に開催され、そこには、起業家、エンジェル、ベンチャーキャピタリスト、大企業、大学の研究者、コンサルタント、弁護士、公認会計士らが集まって議論に参加する。これによって、人的ネットワークが増殖されていく。このネットワークは、相互扶助のネットワークであり、仮に失敗しても不誠実な対応をしてさえいなければ、大学に戻ったり、新しいベンチャーに採用されたり、新しく起業するなど、再起できるのである。つまり、ベンチャーの事業リスクと個人のキャリアに関わるリスクは、コミュニティ全体で吸収されているのである。シリコンバレーにおいて起業することは、わが国に比べてはるかにローリスク・ハイリターンなのである。だからこそ、優秀な人材が事業を起こすし、エンジェル、ベンチャーキャピタリスト、コンサルタントなどが手厚い支援を行う。そして、自分もと夢見る優秀な人材が、このエコシステムにますます集まってくるという好循環を形成しているのである（石黒2005、39頁）。

5　ベンチャー企業の育成とエコシステムの構築

　1990年代後半以降のわが国のベンチャー政策はシリコンバレーの複製を志向したものである。直接的な支援措置は相当手厚いものになり、ベンチャー育成における制度的な阻害要因はほぼなくなったといえる。すなわち、制度的にはおおむねアメリカに追いついたことになる。それでは、アメリカのようにベンチャー企業が経済を牽引していくためにはどうすればよいのだろうか。
　第一に、ベンチャー企業の意義と影響力を再認識することである。常軌を逸した一部の起業家の挫折だけでベンチャー企業を全否定してしまう論調は

改めなくてはならない（伊藤2009）。そもそも、ベンチャー企業に挑戦することが魅力的で、起業家や投資家であるVCが大きなリスクをとることにより報酬を確保でき、その資金でさらなる雇用を生み、さらには成功した起業家が寄付や財団の運営で社会に再度資金を戻すという循環が社会に認知されないかぎり、どんなベンチャー政策も響かない（伊佐山2010）。第二に、投資の問題である。ベンチャー企業の成長にとってVC投資は不可欠なものであり、わが国のベンチャー政策においても支援の柱であった。エコシステムの観点から、ベンチャー企業を支える手厚いVCの資金が必要であり、VCが機能するためにはM&Aが活発に行われなくてはならない。大企業がベンチャー企業を買収することによって、VCに資金が還流する好循環を促すことが重要であり、それがベンチャー企業の発展につながっていくのである。第三に、人材の問題である。起業家やベンチャー企業に関わる人を増やさなくてはいけない。このためには、ベンチャー企業の成功事例が不可欠であり、リスクテイクしたベンチャー起業家を称賛する文化・価値観を醸成する必要がある。この価値観を醸成するために、人材の流動化と人的ネットワークの形成が重要であり、ベンチャーの事業リスクと個人のキャリアに関わるリスクは、コミュニティ全体で吸収していく必要がある。これにより、優秀な人材が起業し、エンジェル、VC、コンサルタントなどが手厚い支援を行う。そして、自分もと夢見る人材が、このエコシステムに集まってくるという好循環が生まれることによって、自律的なベンチャー企業を創出していくことができる。

　ベンチャー企業を育むエコシステムを構築する取り組みに決して終わりはない。わが国の現状はシリコンバレーモデルの制度的側面のみを表面的かつ単純に複製したもので、エコシステム構築の第一歩を踏み出したにすぎない。ベンチャー企業が低迷する現状をみて、わが国ではベンチャー企業が育たないと結論づけるのではなく、いかにしてエコシステムを強化するかを考えていく必要がある。

●注
（1） 類似語で、生息地を示すハビタットが使用されることもあるが、ハビタットが物理的な場所を示すのに対し、エコシステムは生息地とその外部環境の相互作用を包含した意味であり、コミュニティの意味合いが強い。
（2） VC からの第1回目の資金調達をシリーズA、2回目をシリーズBと呼ぶ。フェイスブックの資金調達に関しては、カークパトリック（2011）に詳しい。
（3） 一方、第4章でも述べたように、アメリカでは、近年、設立直後のベンチャー企業に数百万円規模の少額投資を行う VC が台頭している。これは「シードアクセラレーター」「エンジェルファンド」「スタートアップインキュベーター」などと呼ばれている。500スタートアップス、Yコンビネーターが有名。

終　章

1　結　　論

　本書の目的は、若きベンチャー起業家が活躍できる社会の実現に向けて、取り組むべき課題について、ベンチャー起業家教育とエコシステムの観点から考察を行うものであった。すなわち、起業家教育を通してベンチャー起業家を輩出し、エコシステムを通してベンチャー企業を育成することによって、ベンチャー起業家社会が実現することを考察し、実践的な提言を行うことであった。その結果、以下の結論にいたった。

　第一に、ベンチャービジネスに対する共通の理解が必要である。まず、ベンチャー企業の定義は、VCによって投資を受ける企業であり、それ以外は単なる創業企業として、区別する必要がある。この認識にもとづき、起業には、成長志向性によって、①ベンチャー型起業、②中小企業型起業、③自営業型起業が存在する。つぎに、ベンチャー型起業とは、起業初期の段階でVCからの投資を受け、人材を雇用して急成長を目指す起業のあり方である。わが国においては、ベンチャー企業向けの新興市場が誕生し、短期間で株式公開を実現することが可能となった。新興市場誕生前においては、設立から株式公開まで平均30年近い時間を要し、アーリーステージでVCから資金調達することは非現実的であったため、ここでいうベンチャー型起業という概念は成立しなかった。新興市場の誕生を機に、起業の段階、あるいは、アーリーステージにおいてVC投資を受け、優秀な人材を雇用して急成長を目

指す手法が生まれたわけである。新興市場の誕生により、ベンチャー型起業という、わが国においては新しい起業のスタイルが確立した。

　第二に、ベンチャー起業家教育の問題である。ベンチャー起業家教育においては、ベンチャー型起業について教育することになる。ベンチャー型起業のポイントは、起業時の資金調達のあり方にあり、ベンチャーファイナンスの現状と全体像、および、ベンチャーファイナンスにあたって重要となるビジネスプランの作成について、重点的に教育する必要がある。わが国のVCは、株式公開の目処が立っているレイターステージでの投資が中心であり、アーリーステージでの投資は少ないといった、新興市場が誕生する以前の残像が強いが、VC投資の現実は、いまやアーリーステージが中心であり、ベンチャー型起業は現実的な選択肢となっている。アーリーステージでVCからの資金調達に成功している事例を分析すると、起業の段階から、急成長を志向するベンチャー型起業を選択し、それに向けたビジネスプランの作成と実行を行っている。そして、有望な市場で、優秀な経営チームがベンチャー企業を経営しているという共通の要素がみられる。アーリーステージでの資金調達は、1億円以上の事例も含めて実施されており、シードアクセラレーターやエンジェル、VCから、数百万円を調達して起業し、起業後の早い段階で追加投資を受けて企業成長していくという姿は、珍しいことではなく、ベンチャー型起業の典型的な成功パターンとなっている。したがって、ベンチャー型起業を選択する意味、ベンチャービジネスについての理解、ベンチャーファイナンスの理解、ビジネスプランの理解は、ベンチャー起業家にとっていっそう重要性を増しており、不可欠な要素となっていると考える。

　また、ベンチャー型起業は、起業家個人にとって、必ずしもハイリスクではない。そもそも、ベンチャー企業がハイリスクであるというのは、投資家からの視点である。VCからの資金調達が前提となるため、起業家個人のリスクは小さい。一方、中小企業型起業や自営業型起業を選択し、銀行借入にともなう個人保証をすることで、企業が倒産した際に、個人まで再起が困難になる。これをもって、起業に失敗すると再起ができないとされ、ベンチャー起業は危険な賭けであるとの誤解が広く一般になされている。このような

終　章

誤解は、ベンチャー起業家教育によって解消されるべき問題である。少なくとも、若い起業家の知識不足による五里霧中の試行錯誤を未然に防ぐことができる。このように、起業段階において、ベンチャー型起業を選択することは、大きく成長するための重要な意味をもつ。どのタイプの起業を志向するかによって、その後の経営のあり方は大きく変わってくる。ベンチャー起業家を志す若者は一定数存在する。ベンチャー起業に対する知識習得、支援や環境次第では、ベンチャー企業経営者になりえたと思われる起業家が、知識の欠如によって中小企業型、あるいは、自営業型にとどまってしまうことは避けなくてはいけないし、大学における起業家教育の不備が、ベンチャー起業家の輩出を阻害する要因になってはいけない。わが国のこれまでの創業検討段階での起業家教育では、新規開業一般に焦点を絞り、起業を志す人々の裾野を広げることに主眼を置いてきたが、今後は、成長を志向するベンチャー型起業に特化した教育・支援にも力を入れる必要がある。そのなかで重要となってくる視点は、ベンチャー起業に対する共通理解であり、より実践的なベンチャー起業家教育の内容として、ベンチャーファイナンスの現状認識と事業起点型のビジネスプランの作成と知識習得がとりわけ重要になってくると考える。

　第三に、短期間で急成長を実現しようと思えば、ベンチャー起業家は、ベンチャー起業をとりまく外部環境やベンチャー企業を育成する機能について理解しておく必要がある。1990年代後半以降のベンチャー政策はシリコンバレーの複製を志向したものであるが、直接的な支援措置は相当手厚いものになり、ベンチャー育成における制度的な阻害要因はほぼなくなったといえる。すなわち、制度的にはおおむねアメリカに追いついたことになる。それでは、アメリカのようにベンチャー企業が経済を牽引していくためにはどうすればよいのだろうか。まず、ベンチャー企業の意義と影響力を再認識することである。そもそも、ベンチャー企業に挑戦することが魅力的で、起業家や投資家であるVCが大きなリスクをとることによる報酬を確保することができ、その資金でさらなる雇用を生み、さらには成功した起業家が寄付や財団の運営で社会に再度資金を戻すという循環が社会に認知されないかぎり、

どんなベンチャー政策も響かない。つぎに、投資の問題である。ベンチャー企業の成長にとってVC投資は不可欠なものであり、ベンチャー政策についても支援の柱であった。エコシステムの観点から、ベンチャー企業を支える手厚いVCの資金が必要であり、VCが機能するためにはM&Aが活発に行われなくてはならない。大企業がベンチャー企業を買収することによって、VCに資金が還流する好循環を促すことが重要であり、ベンチャー企業の発展につながっていくのである。そして、人材の問題である。起業家やベンチャー企業に関わる人を増やさなくてはいけない。このためには、ベンチャー企業の成功事例が不可欠であり、リスクテイクしたベンチャー起業家を称賛する文化・価値観を醸成する必要がある。この価値観を醸成するために、人材の流動化と人的ネットワークの形成が重要であり、ベンチャーの事業リスクと個人のキャリアに関わるリスクは、コミュニティ全体で吸収していく必要がある。これにより、優秀な人材が起業し、エンジェル、VC、コンサルタントなどが手厚い支援を行う。そして、自分もと夢見る人材が、このエコシステムに集まってくるという好循環を生むことによって、自律的なベンチャー企業を創出していくことができる。ベンチャー企業を育むエコシステムを構築する際、その取り組みに決して終わりはない。現状は、シリコンバレーモデルの制度的側面のみを表面的かつ単純に複製したにすぎず、エコシステム構築の第一歩を踏み出したにすぎない。ベンチャー企業が低迷する現状をみて、わが国ではベンチャー企業が育たないと結論づけるのではなく、いかにしてエコシステムを強化するかを考えていく必要がある。

2　今後の研究課題

　本書では、文献研究とインタビュー、ベンチャー起業家教育の実践を通して、ベンチャー起業家社会の実現における課題について、起業家教育とエコシステムの観点から考察を行ってきたが、残された課題も多い。
　第一に、本書のベンチャー起業家教育の成果として、ベンチャー起業家を輩出していない。筆者は、2010年度から大学学部の正規科目でビジネスプラ

ン作成講座を実施し、さらに、2012年度よりベンチャー起業サークルで顧問を務めて、ベンチャー起業家教育を実践してきた。ここでは、まだベンチャー起業家の輩出実績はないが、ベンチャーキャピタリストなどの外部機関と連携した活動をしており、早い段階でベンチャー起業家第1号を輩出したいと考えている。2014年度より、筆者は、理工系の総合大学である崇城大学（熊本県）において、ベンチャーマインド育成の専任教員としてベンチャー起業家教育を担当する。学生から1人でもベンチャー起業家が誕生すれば、その学生が身近なロールモデルとなり、ベンチャー起業家誕生の連鎖が起こるものと確信している。本書で提示したベンチャー起業家教育の実践が成果をあげてこそ、本書の真価が問われるものと考えている。志ある若者の力になりたい。

　第二に、学生起業家予備軍の実態について調査が不足している。同志社大学のベンチャー起業サークルのみならず、関西、関東および九州の学生起業家予備軍の実態についても明らかにする必要性を感じている。関西については、2012年11月に「第1回KANSAI学生起業サミット」というイベントを実施し、関西の学生起業団体や学生起業家、およびその予備軍を集結し、実態について調査した。このような動きを関西から関東や九州にも拡大し、わが国の学生起業の文化を醸成していきたいと考えている。

　第三に、起業家教育の対象を拡大して研究する必要がある。本書では、ベンチャー起業家教育の対象を文系の大学学部に絞っているが、今後は、初等教育や幼児教育の段階における起業家教育まで拡大することも視野に入れている。グーグルの創業者でCEOのラリー・ページ氏は、スタンフォード大学卒で知られるが、スタンフォードの環境よりもモンテッソーリ教育という幼児教育が自らに大きな影響を与えていると、インタビューで述べている。同じく、グーグルの共同創業者であるセルゲイ・ブリン氏も、アマゾン・ドット・コムのジェフ・ベゾス氏も、ウィキペディアをはじめたジミー・ウェルズ氏もモンテッソーリ教育が生み出した逸材である。モンテッソーリ教育とは、1900年代はじめにイタリアのマリア・モンテッソーリによって開発された幼児教育で、子供たちが自発的に活動するのを援助する存在に徹して、

徹底的に自主性を育てるものだという。このような幼児教育や初等教育は、エコシステムの観点からも興味深く、ベンチャー起業家社会に及ぼしている影響について研究を進めたいと考えている。

　本書が、ベンチャー起業家社会実現の一助となれば、望外の幸せである。

参 考 文 献

外国語文献

Freear, J., J. E. Sohl and W. Wetzei Jr. (1996) "Angels and Non-Angels: Are There Difference?", *Journal of Business Venturing*. Vol9. No2.

Global Entrepreneurship Monitor (2007) *2007 Global Report*.

Global Entrepreneurship Monitor (2009) *2009 Global Report*.

McGregor, Jena (2007) "The World's Innovative Companies", *Business Week*, May 4.

Minniti, M. (2005) "Entrepreneurship and Network Externalities", *Journal of Economic Behavior and Organizations*, vol. 57.

Nesheim, John L. (1997/2000) *High Tech Start up: The Complete Handbook for Creating Successful New High Tech Companies*, The Free Press.

Osnabrugge, Mark Van and Robert J. Robinson (2000) *Angel Investing, Matching Startup Funds with Startup Companies: The Guide for Entrepreneurs, Individual Investors, and Venture Capitalists*, Harvard Business School.

Wennekers, S. (2006) *Entrepreneurship at Country Level*, EIM Business and Policy Research.

日本語文献

アイゼンバーグ、ダニエル・J (2011)『DIAMONDハーバード・ビジネス・レビュー』編集部訳「ベンチャー国富論」『DIAMONDハーバード・ビジネス・レビュー』ダイヤモンド社。(Daniel J. Isenberg, How to Start an Entrepreneurial Revolution, *Harvard Business Review*, Jun, 2010)

芦塚格（1999）「ベンチャー企業とネットワーク」忽那憲治・山田幸三・明石芳彦編『日本のベンチャー企業』日本経済評論社。
新将命（2009）『経営の教科書──社長が押さえておくべき30の基礎科目』ダイヤモンド社。
伊佐山元（2010）「VB経営虎の巻」『日経産業新聞』11月2日付。
五十嵐伸吾（2005）「日本のスタートアップスの現状」『一橋ビジネスレビュー』53巻1号。
石黒憲彦（2000）『ベンチャー支援政策ガイド──詳細・新事業創出促進法改正』日経BP社。
───（2005）「日本におけるベンチャー政策の実態と展望」『一橋ビジネスレビュー』53巻1号。
磯崎哲也（2010）『起業のファイナンス──ベンチャーにとって一番大切なこと』日本実業出版。
伊丹敬之（1999）『場のマネジメント──経営の新パラダイム』NTT出版。
伊藤邦雄（2009）「経済危機下の起業論（上）」『日本経済新聞』7月22日付朝刊。
井上達彦（2012）『模倣の経営学──偉大なる会社はマネから生まれる』日経BP社。
今井賢一監修／秋山喜久ほか（1998）『ベンチャーズインフラ』NTT出版。
上村達夫（2002）『会社法改革──公開会社法の構想』岩波書店。
植田浩史・桑原武志・本田哲夫・義永忠一（2006）『中小企業・ベンチャー企業論』有斐閣。
太田一樹・池田潔・文能照之編（2007）『ベンチャービジネス論』実教出版。
大滝精一（1997）「成長の戦略」大滝精一・金井一頼・山田英夫・岩田智『経営戦略』有斐閣。
小倉昌男（1999）『小倉昌男 経営学』日経BP社。
尾崎安（2002）「株式制度の改正と閉鎖的株式会社法制」『ジュリスト』1125号。
オスターワルダー、アレックス／イヴ・ピニュール（2012）小山龍介訳『ビ

ジネスモデル・ジェネレーション──ビジネスモデル設計書』翔泳社。(Alexander Osterwalder and Yves Pigneur, *Business Model Generation: A Handbook for Visionaries, Game Changers, and Challengers*, Wiley, 2010)

カークパトリック、デビッド（2011）滑川海彦・高橋伸夫訳『フェイスブック若き天才の野望──5億人をつなぐソーシャルネットワークはこうして生まれた』日経BP社。(David Kirkpatrick, *The facebook Effect: The Inside Story of the Company That Is Connecting the World*, Simon & Schuster, 2010)

各務茂夫（2011）「大学発ベンチャーとイノベーション」『イノベーションシステムとしての大学と人材』白桃書房。

金井一頼・角田隆太郎編（2003）『ベンチャー企業経営論』有斐閣。

金井壽宏（1994）『企業者ネットワーキングの世界──MITとボストン近辺の企業者コミュニティの探求』白桃書房。

株式会社日本インテリジェントトラスト（2007）『大学等における起業家輩出・支援環境整備状況調査──起業教育・起業支援、メンターの活用、資金的関与──報告書（平成18年度経済産業省委託調査）』。

カワサキ、ガイ（2011）三木俊哉訳『アップルとシリコンバレーで学んだ賢者の起業術』海と月社。(Guy Kawasaki, *Reality Check*, Portfolio, 2008)

神座保彦（2005）『概論 日本のベンチャーキャピタル』ファーストプレス。

木谷哲夫編（2010）『ケースで学ぶ 実践・起業塾』日本経済新聞社。

清成忠男（1984）『経済活力の源泉』東洋経済新報社。

───（1996）『ベンチャー・中小企業優位の時代──新産業を創出する企業家資本主義』東洋経済新報社。

───（1997）『中小企業読本［第3版］』東洋経済新報社。

───（2005）「ベンチャー企業総論」『一橋ビジネスレビュー』53巻1号。

清成忠男・中村秀一郎・平尾光司（1971）『ベンチャー・ビジネス──頭脳を売る小さな大企業』日本経済新聞社。

忽那憲治（2011）「新産業創造におけるベンチャーキャピタルの役割と課題」

『ベンチャーキャピタルによる新産業創造』中央経済社。
忽那憲治・安田武彦（2005）『日本の新規開業企業』白桃書房。
忽那憲治・山田幸三・明石芳彦（1999）『日本のベンチャー企業——アーリーステージの課題と支援』日本経済評論社。
熊野正樹（2008）「新興市場開設後のベンチャー企業研究の現状と課題——概念と実態の比較視点による再検討」『同志社大学大学院商学論集』43巻1号。
―――（2009）「ベンチャー企業のコーポレートガバナンス——ベンチャーキャピタルと株主間契約に関する一考察」『同志社大学大学院商学論集』44巻1号。
―――（2012a）「ベンチャー企業の活性化とエコシステムの構築」『同志社商学』634号。
―――（2012b）「ベンチャー企業の育成とエコシステムの構築」『日本中小企業学会論集』31巻。
グロービス経営大学院（2010）『[新版]グロービスMBAビジネスプラン』ダイヤモンド社。
経済産業省（2008a）「サービス産業のイノベーションと生産性向上にむけて 報告書」。
―――（2008b）『ベンチャー企業の創出・成長に関する研究会 最終報告書』。
小門裕幸（1996）『エンジェル・ネットワーク——ベンチャーを育むアメリカ文化』中央公論社。
国民生活金融公庫総合研究所編（2000）『起業活動を支える日本のエンジェル』中小企業リサーチセンター。
後藤幸男・西村慶一・植藤正志・猪俣正雄編（1999）『ベンチャーの戦略行動』中央経済社。
ゴンパース、P／J・ラーナー（2002）吉田和男監訳『ベンチャーキャピタル・サイクル——ファンド設立から投資回収までの本質的理解』ジェブリンガー・フェアラーク東京。(P. A. Gompers and J. Lerner *The*

Venture Capital Cycle, MIT Press, 1999）

在日米国商工会議所（2010）『成長に向けた新たな航路への舵取り——日本の指導者への提言』。

榊原清則・前田昇・小倉都（2002）「ベンチャー企業の育成と経営管理」野中郁次郎編『イノベーションとベンチャー企業』八千代出版。

榊原健太郎（2013）『20代の起業論——成功するアイデアとリーダーシップのつくり方』ダイヤモンド社。

坂本英樹（2011）『日本におけるベンチャー・ビジネスのマネジメント』白桃書房。

サクセニアン、アナリー（2008）酒井泰介訳『最新経済地理学グローバル経済と地域の優位性』日経BP社。（A. Saxenian, *The New Argonauts: Regional Advantage in a Global Economy*, Harvard University Press, 2006）

─── （2009）山形浩生・柏木亮二訳『現代の二都物語』日経BP社。（A. Saxenian, *Regional Advantage: Culture and Competition in Silicon Valley and Route128*, Harvard University Press, 1994）

櫻澤仁（2010）「新しいビジネスモデルの台頭と起業家教育（1）」『経営論集』20巻1号。

佐竹隆幸（2008）『中小企業存立論——経営の課題と政策の行方』ミネルヴァ書房。

───編（2002）『中小企業のベンチャー・イノベーション』ミネルヴァ書房。

サットン、ロバート（2002）米倉誠一郎訳『なぜ、この人は次々と「いいアイデア」が出せるのか』三笠書房。（Robert I. Sutton, *Weird Ideas That Work*, Carlisle & Company, 2002）

佐分利応貴（2012）「NTBFs簇業と企業家行動」『ハイテク産業を創る地域エコシステム』有斐閣。

シェーン、スコット・A（2005）スカイライトコンサルティング株式会社訳『プロフェッショナル・アントレプレナー——成長するビジネスチャン

スの探求と事業の創造』英治出版。(Scott A. Shane, *Finding Fertile Ground: Identifying Extraordinary Opportunities for New Ventures*, Wharton School Publishing, 2005)
─── (2011) 谷口功一・中野剛志・柴山桂太訳『〈起業〉という幻想──アメリカン・ドリームの現実』白水社。(Scott A. Shane, *The Illusions of Entrepreneurship: The Costly Myths That Entrepreneurs, Investors, and Policy Makers Live By*, Yele University Press, 2008)
宍戸善一 (2002)「ベンチャー企業の育成の仕組と法的課題」『ジュリスト』1218号。
シュンペーター、J・A (1977) 塩野谷祐一・中山伊知郎・東畑精一訳『経済発展の理論──企業者利潤・信用・利子および景気の回転に関する一研究（上・下）』岩波文庫、岩波書店。(J. A. Schumpeter, *The Theory of Economic Development: An Inquiry into Profits, Capital, Credit, Interest, and the Business Cycle*, Harvard University Press, 1934)
シュムペーター、J・A (1995) 中山伊知郎・東畑精一訳『資本主義・社会主義・民主主義』東洋経済新報社。(J. A. Schumpeter, *Capitalism, Socialism and Democracy*, Routledge, 1942)
スタートアップ研究会 (1999)『ベンチャーキャピタリストが語る起業家への提言』税務研究会出版局。
妹尾堅一郎 (2009)『技術力で勝る日本が、なぜ事業で負けるのか──画期的な新製品が惨敗する理由』ダイヤモンド社。
─── (2011)「事業起点型イノベーション人財の育成」『イノベーションシステムとしての大学と人材』白桃書房。
曽我弘・能登左知 (2011)『シリコンバレー流起業入門』同友館。
大和総研 (2009)『平成20年度 大学・大学院における起業家教育実態調査報告書』。
高橋徳行 (2009)『新・起業学入門──新しく事業を始める人のために』経済産業調査会。
田中譲 (1997)『ベンチャービジネスのファイナンス──変革期の企業金融

を考える』金融財政事情研究会。

中小企業庁『中小企業白書［各年版］』ぎょうせい。

通商産業省中小企業庁振興課（1997）「ベンチャー企業への資金供給円滑化研究会報告書中間取りまとめ」『投資事業有限責任組合法』財団法人通商産業調査会出版部。

ティモンズ、ジェフリー・A（1997）千本倖生・金井信次訳『ベンチャー創造の理論と戦略——起業機会探索から資金調達までの実践的方法論』ダイヤモンド社。(J. A. Timmons, *New Venture Creation, 4th edition*, Richard D. Irwin, 1994)

同志社大学商学部導入教育センター（2011）「2010 年度秋学期ビジネストピックスアンケート」『同志社大学商学部 2010 年度導入教育報告書』。

─── (2012)「2011 年度秋学期ビジネストピックスアンケート」『同志社大学商学部 2011 年度導入教育報告書』。

─── (2013)「2012 年度秋学期ビジネストピックスアンケート」『同志社大学商学部 2012 年度導入教育報告書』。

独立行政法人科学技術振興機構（2011）『問題解決を目指すイノベーションエコシステムの枠組み』。

ドラッカー、P・F（1997）上田惇生訳『新訳 イノベーションと起業家精神（上・下）』ダイヤモンド社。(P. F. Drucker, *Innovation and Entrepreneurship*, Harper& Row, 1985)

中村秀一郎（1992）『21 世紀型中小企業』岩波新書、岩波書店。

バイグレイブ、ウィリアム／アンドリュー・ザカラキス（2009）高橋徳行・田代泰久・鈴木正明訳『アントレプレナーシップ』日経 BP 社。(William Bygrave and Andrew Zacharakis, *Entrepreneurship*, John Wiley & Sons, 2008)

長谷川博和（2010）『ベンチャーマネジメント［事業創造］入門』日本経済新聞出版社。

原山優子・氏家豊・出川通（2009）『産業革新の源泉——ベンチャー企業が駆動するイノベーション・エコシステム』白桃書房。

VEC（一般財団法人ベンチャーエンタープライズセンター）（2004）「平成16年度VC等投資動向調査報告」。
───（2011a）「2010年ベンチャービジネスの回顧と展望」『2010年ベンチャービジネスに関する年次報告』。
───（2011b）「2010年VC等投資動向調査報告」『2010年ベンチャービジネスに関する年次報告』。
───（2011c）「平成21年度創業・起業支援事業（起業家精神に関する調査）報告書」。
福田昌義編著・笠原英一・寺石雅英（2000）『ベンチャー創造のダイナミックス──経営・評価・育成の観点』文眞堂。
藤沢武史（2002）「日本の大学におけるベンチャービジネス教育」『ベンチャービジネスと起業家教育』御茶の水書房。
古田龍助（2002）『ベンチャー起業の神話と現実──起業家教育のメッカ、米バブソン大学からのリポート』文眞堂。
堀内俊洋（1997）『ベンチャー企業経済論──自由化・情報化時代の戦略と政策』文眞堂。
前田博（2002）「ベンチャー企業と株式市場」『ジュリスト』1218号。
松田修一（2005）『ベンチャー企業［第3版］』日本経済新聞社。
松田修一・大江健（1996）『起業家の輩出』日本経済新聞社。
松田修一監修／早稲田大学アントレプレヌール研究会編（2000）『ベンチャー企業の経営と支援』。
松田修一監修／早稲田大学大学院商学研究科（ビジネス専攻）松田修一研究室（2011）「産業構造の変化とベンチャー企業像」『日本のイノベーション1 ベンチャーダイナミズム』白桃書房。
───（2012）『日本のイノベーション2 ベンチャー支援ダイナミズム』白桃書房。
水野博之監修／ハンドブック編集委員会編（1998）『ベンチャーハンドブック』日刊工業新聞社。
MOVIDA JAPAN株式会社（2012）『僕たちがスタートアップした理由』フ

ォレスト出版。

百瀬恵夫（1985）『日本のベンチャー・ビジネス──その経営者像とキャピタル』白桃書房。

森谷正規・藤川彰一（1997）『ベンチャー企業論』放送大学教育振興会。

柳孝一（2004）『ベンチャー経営論』日本経済新聞社。

米倉誠一郎（2001）「ベンチャー・ビジネスと制度としての VC」一橋大学イノベーション研究センター編『イノベーション・マネジメント入門』日本経済新聞社。

─── （2005）『日本のスタートアップ企業』有斐閣。

─── （2011）『創発的破壊──未来をつくるイノベーション』ミシマ社。

レヴィ、スティーブン（2011）仲達志・池村千秋訳『グーグル ネット覇者の真実──追われる立場から追う立場へ』阪急コミュニケーションズ。（Steven Levy, *In The Plex: How Google Thinks, Works, and Shapes Our Lives*, Simon & Schuster, 2011.）

早稲田大学監修／株式会社大和総研編（2009）『ベンチャー起業家入門』丸善プラネット。

あ と が き

　本書は、私にとってはじめての単著であり、2012年度に博士学位論文(同志社大学)となった「ベンチャー起業家社会の実現―起業家教育とエコシステムの構築」をもとに刊行された。振り返れば、同志社大学には、学生、教員として15年ものあいだお世話になった。そして、現在、私は、崇城大学(旧熊本工業大学)で起業家教育を実践している。同志社は、熊本とゆかりの深い土地であり、この地に活躍の場を得られたことは大きな喜びである。

　本書の刊行に至り、私を育ててくれた同志社大学の恩師のことを中心に時系列で振り返りながら、多くの関係者の皆様に感謝の意を伝えたい。

　同志社大学商学部では、光澤滋朗先生(同志社大学名誉教授)にご指導を仰いだ。先生は、「ゼミはアバウトをもってよしとする」をモットーとされ、非常に自由なキャンパスライフを謳歌した。愉快な思い出と卒業後も続くゼミの仲間との交流、そして、仲間の活躍は日々の糧となっている。大学教員になってはじめて、光澤先生の達観した深い教育理念を知るに至るが、私が学生諸君に対して抱く、楽しく充実した学生生活を送ってもらいたいという思いの原点がここにある。

　私をベンチャーの世界に導いていただいたのは、藤原秀夫先生(同志社大学大学院商学研究科教授・日本金融学会会長)である。藤原先生なくしていまの自分はない。銀行を退職し、同志社大学大学院商学研究科博士課程前期のベンチャービジネスコースに入学した際の指導教授が藤原先生であった。学問のみならず、ベンチャーを志す者は学外で学ばなくてはいけないとのご指導のもと、多くのベンチャー経営者をご紹介いただき、この縁が、私のベンチャービジネス業界におけるキャリア形成につながり、今日に至っている。人生は選択の連続である。自分の半生を振り返ったとき、人生のターニングポイントには、いつも先生のアドバイスがあり、肩を押していただいた。藤原先生にはどんなにお礼の言葉を尽くしても十分とはいえない。

あとがき

　ダブルマスターを目指して、私は、同志社大学大学院法学研究科博士課程前期に社会人大学院生として進学することになる。商学とはまったくもって作法が異なる法学の分野で修士号を得られたのは、佐藤幸夫先生（同志社大学名誉教授）の温かく丁寧なご指導の賜物である。また、法学研究科の講義がご縁で、いまなお、お世話になっているのが仁後陽一先生（元同志社大学大学院法学研究科講師）である。仁後先生は、三菱商事の役員を務められたあと、日本ハムの顧問をされるなど豊富なビジネス経験から多くのご指導をいただいた。私が起業したあとも、大学院生時代以上にご指導を仰ぎ、幅広いご人脈から多くの一流大企業の経営陣をご紹介いただいた。大企業とベンチャーの連携という今日のテーマの重要性について身をもって経験させていただき、それは見える景色が一変する出来事であった。手取り足取り、惜しみない力を注いで下さり、まさにハンズオンで私を育てていただいたことに心より深く御礼申し上げたい。

　さらに、博士号の取得を目指して、同志社大学大学院商学研究科博士課程後期に進学し、太田進一先生（同志社大学名誉教授）にご指導を仰いだ。温かくユーモア溢れるお人柄に、何度、救われたことかわからない。博士論文の作成に躓きながらも、太田先生が定年退職される 2012 年度の春、今年度こそは、博士論文を提出したい旨を申し出た際、「男にはやらないといけないときがある。男の節目としてがんばりなさい」と言われた一言によって、博士論文を書き上げることができた。デスクの前には、「男の節目」の張り紙を掲げていた。太田進一先生に心より深く御礼申し上げたい。また、太田先生が主宰された同志社大学企業政策研究会の皆様にもお世話になった。博士論文の審査では、岡本博公先生（元同志社大学大学院商学研究科教授・高知工科大学教授）、鈴木良始先生（同志社大学大学院商学研究科教授）にお世話になった。岡本先生の研究会に参加した際には、貴重な示唆をいただくとともに、起業家教育というキーワードに出会うことになり、これが、博士論文執筆の手がかりとなった。感謝申し上げたい。

　さて、起業家教育には、場が必要であることを本書でも指摘した。幸いにも、私は、同志社大学で 3 年間、起業家教育に携わることができた。貴重な

場を与えていただいた同志社大学商学部および多大なるご理解とご支援を賜った先生方にもお礼を述べたい。一方、大学教育の場といえども、実践的なベンチャー起業家教育には、実務家の協力が欠かせない。私の活動に惜しみない協力をしてくれた学生時代からの親友である倉林陽君（セールスフォース・ドットコム日本投資責任者）、黒田修平君（公認会計士）はじめ、多くのベンチャー関係の実務家の皆様にも心より御礼申し上げるとともに、今後もいっそうのお力添えをお願い申し上げる次第である。そして、私の講義を一緒に盛り上げ、真剣に取り組んでくれた学生諸君、起業サークルで時間を共に過ごしたDVTの学生諸君に心から感謝の意を述べたい。君たちの笑顔こそが、私の原動力であった。そして、起業家教育に人生をかけたいと思うに至ったのは、君たちに出会えたからである。本当にありがとう。

　同志社大学での3年間の教員任期を終えたあとも、大学での起業家教育に携わることができたのは、忽那憲治先生（神戸大学大学院経営学研究科教授）のおかげである。研究員として、神戸大学大学院経営学研究科に受け入れて下さったのである。忽那先生のグローバルな研究活動、学生や社会人への実践的な起業家教育は、私の憧れであり、よきお手本である。忽那先生、忽那研究室の皆様、アントレプレナーファイナンス実践塾の皆様に御礼申し上げる次第である。また、この間、大阪経済大学経営学部においても非常勤講師として起業家教育に携わることができた。貴重な機会を頂いた井形浩治先生（大阪経済大学経営学部教授）、太田一樹先生（大阪経済大学経営学部教授）のご厚情に深謝申し上げたい。

　2014年4月、私は、崇城大学にベンチャーマインド育成の専任教員として着任した。アントレプレナーシップの重要性を深く理解され、大学をあげて起業家教育に注力していくという方針を掲げられた崇城大学の中山峰男学長（理事長）には、心より敬意を表するとともに、そのご期待にそえるよう微力を尽くして頑張りたいと思っている。崇城大学には、素晴らしい教育環境、研究環境をいただいている。崇城大学からグローバルに活躍する起業家を輩出し、熊本から世界を変えていきたいと考えている。これからはじまる崇城大学の学生諸君との取り組みが楽しみでならない。一緒に未来を創っていこ

あとがき

う。

　このように、私はいま、大学教員としてのスタートラインに立つことができた。思えば、私の幼い頃の夢は、研究者になることと経営者になることであった。多くの学恩を受けるとともに、とくに起業後は、経営者としても多くの諸先輩方に助けられたことも記さねばならない。新将命氏（元ジョンソン・エンド・ジョンソン社長）、江口隆三氏（グローバル・リンケージ社長）、望月政道氏（元 IVS テレビ制作常務）、中島厚秀氏（情報デザインラボ社長）、川村文彦氏（公認会計士・税理士）、草島歩氏（弁護士）、尾鼻則史氏（社会保険労務士）、ここにあげた方々には特にお世話になった。ビジネスの世界は、必ずしも教科書どおりには進まず、毎日が応用問題の連続である。まがりなりにも、経営者としての経験を積めたのは、ここに挙げた皆様をはじめとした多くの方々のおかげである。私は、元来、独立志向が強いほうではあったと思うが、起業してはじめて、ひとりでは何もできないことを痛感した。私を育てたエコシステムがあったのである。

　本書の刊行にあたっては、株式会社ナカニシヤ出版の中西健夫社長、酒井敏行氏に、格別のご配慮とお力添えをいただいたことに、心から御礼申し上げたい。

　最後に、私事になり恐縮だが、いつも私を支えてくれる家族に感謝の意を伝えたい。いつも無理なお願いばかりしてきた、両親の熊野耕造・洋子、宮田健一・かほりに心から御礼を申し上げたい。起業するといってみたり、大学院に入学するといってみたり、いつも私の勝手な我儘を受け入れてくれた妻の一美は、私の最大の理解者であり心から感謝している。本当にありがとう。そして、ふたりの息子・幹大と照大、生まれてきてくれてありがとう。君たちに伝えるべきことは、アントレプレナーシップである。感謝の言葉とともに本書を家族に捧げたい。

　　　2014 年 4 月

　　　　　　　　　　　　　　　　　　　　　　　　　　　　熊 野 正 樹

人名索引

あ行
秋山喜久　50
新将命　33
石黒憲彦　36
磯崎哲也　50
今井賢一　50
ヴェネッカーズ（S. Wennekers）　46
太田一樹　40

か行
金井一頼　42
木谷哲夫　49
清成忠男　41, 42, 46
小門裕幸　50

さ行
サクセニアン（A. Saxenian）　50, 57
佐竹隆幸　42, 45
佐分利応貴　47
ザカラキス（Andrew Zacharakis）　22, 48

妹尾堅一郎　49

た行
佃近雄　41
ティモンズ（Jeffry A. Timmons）　21, 62, 64

は行
原山優子　50
バイグレイブ（William D. Bygrave）　21, 22, 48
バブソン（Roger Babson）　20
藤沢武史　48
古田龍助　22

ま・や行
村上太一　53
柳孝一　42
吉田和男　29, 33
米倉誠一郎　29, 44

事項索引

あ行
アーサーブランク起業研究センター　22
アーリーステージ　10, 30, 36, 39, 53, 54
IPO　44, 53
曖昧さ　27
悪循環　38
　資金供給の——　37
　人材供給の——　37
アメリカ競争力委員会　51
アントレプレナー　42
アントレプレナーシップ　20-22
イグジット　53
イノベーション　42, 44
「イノベート・アメリカ」　51
インキュベーション　16

事項索引

──オフィス　26
インターネット　41
インターンシップ制度　16
エコシステム　32, 39, 50, 51
FF（失敗の恐れ）　47
M & A　53
MBA　20
エンジェル　36, 50
OCA（創業のコスト評価）　47

か行

開業率　48
会計　20
会社設立　39
会社法　54
外部アドバイザー　32
外部環境　50
外部ネットワーク　32
カウフマン財団　19
学生起業家予備軍　23
学生起業支援団体　24
学生起業団体　29
株式公開　35, 49
　　──までの平均期間　35
科目別学校数分布　18
間接金融　36, 37
機関投資家　36
起業
　　──活動率　13, 14, 48
　　──支援　32
　　──資金　26
　　──スキル　14
　　──の志向性　30
　　──のスタイル　31
　　──のパターン　30
　　自営業型──　30
　　中小企業型──　30
　　ベンチャー型──　→ベンチャー

起業家
　　──個人のリスク　30
　　──家予備軍　29
　　潜在的な──　27
起業家教育　32, 37, 47, 48
　　──科目数上位校リスト　19
　　──の意義　26
　　──の内容　18
　　──の現状　15, 19
　　──のランキング　21
企業風土　37
キャピタルゲイン　36
キャリアパス　32
銀行　36
経済産業省　32, 48
高技能移民　50
個人事業主　31
個人投資家　36, 50
個人保証　30
雇用　30

さ行

サービス業　41
再起困難　30
最年少の上場企業社長　35
GEM　13, 46, 47
シードアクセラレーター　10
シードステージ　53
支援セクター　40
事業機会型　46
事業売却　49
資金　51
　　──繰り　36
　　──調達方法　31
　　自己──　36
市場　51
新興──　30, 35, 39
下請業務　30

151

実現性　24
社会起業家　31
収益性　24
上場　39
　——基準　36
職業の選択肢　27
資本金　36
ジャフコ　54
シリコンバレー　30, 37, 50
　——モデル　39
新規開業一般　31
人材　51
審査基準　24
信用金庫　36
信用保証　37
スタートアップ　54
スピンオフ　41
生計確立型　46
生態系　→エコシステム
制度　51
政府系金融機関　36
創業モデル　46
創業融資　30
ソーシャル・ラーニング　26
SOHO　31

た行
体育会　29
大学同窓生　32
第3次産業　41
担保　36
知識　51
中小・ベンチャー国会　43
TEA（創業活動）　47
DVT　→同志社ベンチャートレイン
店頭登録　36
出口戦略　49
東証マザーズ　35, 39

同志社大学　25, 32
　——リエゾンオフィス　23
同志社ベンチャートレイン（DVT）　23, 24, 28
同志社ベンチャーファンド　26, 32
独創性　24

な行
ナスダック　36
ネットワーク　33, 50
　移民——　50
　地域——　37

は行
場　28
敗者復活戦　37
ハイテク型ベンチャー　41
発展性　24
バブソン大学　20, 22, 23, 27
バブル崩壊　41
ハンズオン　10
非営利事業　31
PC（自分に創業の能力があるという考え）　47
PO（ビジネスチャンスがあるという考え）　47
ビジネススクール　20
ビジネスプラン　90
　——・コンテスト　16, 24, 28
　事業起点型の——　32
ビジネスモデル　41
　技術起点型の——　28
　事業起点型の——　28
ファンド　36
フェイスブック　24, 25
不確実性　27
プライベート・エクイティ・ファイナンス　36

未熟な――市場　37
プレゼンテーション　24
文化　37
文系　28
ベンチャー　54
ベンチャー
　――型起業　30
　――起業家教育の内容　31
　――起業家教育の盲点　29
　――キャピタル（VC）　36
　――ビジネス　54
　――ブーム　40
　――向け株式市場の未整備　37
ベンチャー企業
　――研究　35, 39
　――の再定義　43
　――の定義　29, 40, 52

ま行

マーケティング　20

ミドルステージ　53, 54
メディアシーク　53
メンター　29, 32, 33
モチベーション　32

や・ら行

融資・債務保証制度　37
理系　28
リスク　27, 36
　――マネー　36
　事業――　36
リターン　36
　ハイ――　44
リブセンス　53
流通業　41
理論と実践　48
ルート128　50
レイターステージ　10, 30, 36, 53, 54
連帯保証人　30
ロールモデル　32, 47

【著者紹介】
熊野正樹（くまの・まさき）
崇城大学総合教育准教授・博士（商学）
1973年富山県生まれ。同志社大学商学部卒業、同大学院商学研究科博士課程後期退学。大学卒業後、銀行、コンサルティング会社、TV番組制作会社、IT上場ベンチャーを経て、2005年株式会社ベアーレイドエンターテインメント設立。同志社大学商学部専任講師、神戸大学大学院経営学研究科学術推進研究員などを経て、2014年より現職。ベンチャービジネスに関する理論と実践を踏まえたベンチャー起業家教育を実践する。

ベンチャー起業家社会の実現
起業家教育とエコシステムの実現

2014年5月30日　初版第1刷発行　　（定価はカヴァーに表示してあります）

著　者　熊野正樹
発行者　中西健夫
発行所　株式会社ナカニシヤ出版
〒606-8161 京都市左京区一乗寺木ノ本町15番地
TEL 075-723-0111　FAX 075-723-0095
http://www.nakanishiya.co.jp/

装幀＝白沢　正
印刷・製本＝創栄図書印刷

© M. Kumano 2014　Printed in Japan.
※乱丁・落丁本はお取り替え致します。
ISBN978-4-7795-0859-2　C0034

本書のコピー、スキャン、デジタル化等の無断複製は著作権法上での例外を除き禁じられています。本書を代行業者等の第三者に依頼してスキャンやデジタル化することは、たとえ個人や家庭内での利用であっても著作権法上認められておりません。

経営は哲学なり

野中郁次郎 編

いまこそ企業は創造主たる誇りを持て！ 経営スキルから経営哲学へという時代の変化のなかで、経営理論をベースに企業、リーダー、文献の事例を数多く紹介し、経営の実践哲学を幅広く解説する。

二〇〇〇円+税

日本の企業統治と雇用制度のゆくえ
―ハイブリッド組織の可能性―

宮本光晴 著

「失われた十年」以後の企業ガバナンスと雇用制度のあり方について、詳細な調査をもとに考察。「アメリカ型」でも従来の「日本型」でもない、ハイブリッド組織の可能性を提唱する。

二八〇〇円+税

キャリアデザイン学への招待
―研究と教育実践―

金山喜昭・児美川孝一郎・武石恵美子 編

自分の人生を自分で選ぶため、そして主体的なキャリア形成のために学生にとって必要な学びとは何か。キャリアデザイン学における最新の動向を多様な教育実践とともに紹介する。

二二〇〇円+税

ハイエクを読む

桂木隆夫 編

市場と民主主義の揺らぎを問い、現代の社会科学に多大なる影響を与え続けるフリードリヒ・ハイエク。その壮大な多面的思想体をキーワード別に読み解く格好のハイエク入門。

三〇〇〇円+税

＊表示は本体価格です。